Gaston-Armand Amaudruz

NOUS AUTRES
RACISTES

Institut Supérieur des Sciences
psychosomatiques, biologiques et raciales

Akademie für Psychosomatik, Biologie und Rassenkunde

Du même auteur

Ubu justicier au premier procès de Nuremberg
aux Actes des Apôtres ; Paris, 1949.

Les peuples blancs survivront-ils ?
Éditions Celtiques, Montréal,
& Institut Supérieur des Sciences ; Lausanne, 1987.

Europe, les fondements de la connaissance (manuscrit)
Courrier du continent ; C. P. 2428, CH-1002 Lausanne, 2000

Dans la même collection

Jacques de Mahieu
  Précis de biopolitique

Jacques Baugé-Prévost
  La médecine naturelle
  Le celtisme, l'éthique biologique de l'homme blanc
  Naturothérapie, méthode naturelle de santé

René Binet
  Contribution à une éthique raciste
  Socialisme national contre marxisme
  Théorie du racisme

Institut Supérieur des Sciences
Case Ville 2428, 1002 Lausanne, Suisse

NOUS AUTRES RACISTES

(2ᵉ édition)

Le manifeste social-raciste
présentés par G.-A. Amaudruz

DÉFENSE DE LA RACE

Dans l'histoire contemporaine, il n'y a guère de vocable qui soulève autant d'émotion et de peur que celui de racisme. Aucun n'engendre plus d'infantilismes et de lâchetés. Aucun problème n'est plus fatal ou plus provocant que le problème racial. Et pourtant, le destin de l'humanité ne dépend que d'un examen approfondi de ce problème et de sa seule, unique et indispensable solution.

Il est vrai que le mot racisme a été galvaudé, détourné de sa conception véritable par des dilettantes ou des maniaques, et l'on se croirait bien inspiré de l'abandonner. Ainsi, nous pourrions remplacer le mot « racisme » par celui de « racialisme » afin d'échapper peut-être à la mauvaise presse. Mais cela ne nous mettrait pas à l'abri d'une nouvelle déformation et ajouterait au mal de notre temps (où la valeur et le sens des mots sont tombés dans une confusion pénible), tout en donnant raison à nos ennemis. De plus, cette adaptation au milieu démocratique serait suspecte à plus d'un point de vue. Or, l'honnêteté la plus élémentaire exige plutôt que nous rétablissions la signification du mot racisme dans sa pureté.

Tout d'abord, nous condamnons la discrimination. Le fait de maltraiter un individu à cause de sa race, de sa couleur, de son parler ou de sa religion est très injuste. Tout le monde peut être d'accord sur ce point. Par contre, peu de personnes se rendent compte de l'effroyable danger engendré par l'antiracisme systématique. La maladresse et la déloyauté qui caractérisent les politiciens ont obscurci et déformé cette situation. Ceux qui refusent d'affronter ce sujet capital combattent en réalité contre ceux qu'ils croient défendre.

Nous constatons qu'il existe, à l'échelle mondiale, un complot lucide qui tente de faire un seul monde en recourant à l'intégration raciale. Or, dans tous les pays où l'on a imposé cette intégration, il en est résulté une plus grande discrimination que jamais. Les individus sont ainsi poussés à la révolte extrême avec tout ce que cela comporte de ressentiments, d'amertumes, de haines et de tueries. Nous constatons aussi que le fait racial est à ce point puissant que le mal subsiste même là où le mélange est admis, car chaque degré de métissage fait naître souvent une nouvelle classe sociale.

Dans le domaine social, les esprits superficiels et les bien-pensants infantiles sont devenus des jouets entre les mains de dirigeants qui incitent à la violence raciale ... au nom de l'amour universel ! Il est grand temps que les populations prennent conscience de l'insondable imbécillité de ces tentatives faites sous le couvert de l'« amour universel ». En effet, le sort de l'Homme est en jeu ! Le respect de l'héritage biologique est un principe qu'il est impossible de ne pas prendre en considération lorsqu'il s'agit de l'évolution de l'homme. Ceux qui, au nom de la « fraternité humaine », *effacent le patrimoine héréditaire d'un trait de plume, ne l'empêchent pas d'agir. En effet, la Nature punit les violations des lois de la vie, et les antiracistes travaillent à leur disparition même en nous combattant. Que cette réflexion, au moins, les pousse à tolérer nos idées et à respecter la liberté d'opinion dont ils se réclament.*

Le bien-être de l'humanité dépend du bien-être de chaque race et réciproquement, car l'un ne peut vraiment pas s'épanouir sans l'autre. Le raciste chasse le mot égalité de son vocabulaire. L'idée même d'égalité est une absurdité. Les hommes sont par essence inégaux tant au physique qu'au moral. Il en est de même pour les races. Le raciste sait fort bien que ce que les démocrates appellent préjugé est un réflexe défensif normal, communautaire, et qu'il appartient à chaque race. On ne peut résoudre dans l'harmonie géographique et la paix les problèmes qui s'attachent à l'idée du Sang qu'en travaillant dans le sens d'une conscience raciale éclairée.

Dr Jacques BAUGÉ-PRÉVOST,
Psy. M.D., N.M.D.

Directeur
INSTITUT SUPÉRIEUR DES SCIENCES
Psychosomatiques, Biologiques et Raciales

AVERTISSEMENT

Par cette présentation et ce commentaire, l'auteur n'engage que lui-même. Alors que le *Manifeste social-raciste* est une œuvre collective, élaborée dans le cadre du Nouvel Ordre Européen, le présent ouvrage, par ses dimensions, ne peut pratiquement pas l'être. Néanmoins, de nombreux amis ont apporté de la documentation, des conseils, des idées. Nous devons beaucoup, par exemple, à notre camarade Aryas, collaborateur dès le début à l'« Europe réelle », périodique de combat pour un nouvel ordre européen.

Mais si l'auteur n'engage que lui-même, il s'est efforcé de rester dans la ligne des Déclarations du Nouvel Ordre Européen[1], lesquelles, depuis 1951, expriment les idées communes d'une équipe sociale-raciste d'Europe et d'outre-mer.

En 1969 à Barcelone, à sa X[e] assemblée, le Nouvel Ordre Européen, faisant suite à une proposition du Mouvement celtique, a chargé les camarades du Québec d'établir l'« Institut Supérieur des Sciences psychosomatiques, biologiques et raciales », afin de promouvoir le social-racisme à l'échelle mondiale.

La même année, cet Institut publiait son premier livre : « *Précis de Biopolitique* », par Jacques de Mahieu[2], directeur de l'Institut de Science de l'Homme, de Buenos

Aires, ancien recteur de l'Université argentine des Sciences sociales. Il s'agit là d'un ouvrage d'extrême avant-garde, résumant quelque vingt années de recherches scientifiques et philosophiques et ouvrant à la biopolitique une foule de perspectives capitales nouvelles.

Notre travail, lui, se propose un objectif plus modeste : fournir aux racistes des répliques aux objections des antiracistes. Aussi avons-nous évité parfois des thèses encore controversées, pour nous en tenir aux résultats les plus solidement acquis. Cependant, nous avons cherché à dépasser l'actualité en pensant rendre service aux racistes de la prochaine génération.

Lausanne, 1970.

---

1 — Nouvel Ordre Européen, Case Ville 2428, Lausanne (Suisse).
2 — Nous recommandons de lire ce « Précis » avant le présent texte.

AVANT-PROPOS

> Depuis quelques années, un drapeau a été déployé sur le monde. Ce n'est pas celui d'une nation, ce n'est pas celui d'un parti mais celui d'une nouvelle sorte d'hommes, armés d'une connaissance nouvelle et qui appartiennent à toutes les nations blanches : ces hommes sont les racistes.
>
> René BINET[1]

L'ONU, L'UNESCO, les grands partis « démocratiques », diverses institutions protestantes, jusqu'à la Fédération luthérienne, réunie à Evian (et trahissant Luther), une foule d'associations culturelles, de municipalités, d'assemblées législatives, jusqu'au Grand Conseil du canton de Vaud en 1962, une nuée de « personnalités » de tout poil, professeurs, scientifiques, écrivains, artistes, pitres, sportifs, prédicateurs, du haut de leur imbécillité individuelle ou collective, ont solennellement condamné le racisme.

Au nom de la démocratie, de l'humanité, de la liberté d'opinion, ces millions de bouches déversent et la haine et la bave, réclament — et obtiennent parfois — la mise hors la loi des « criminels » racistes, l'interdiction de leurs écrits et de leurs paroles, faute de pouvoir les traduire devant un tribunal de Nuremberg et les envoyer au gibet.

Autour du nouveau drapeau qui flotte parmi cette haine, quelques hommes : nous autres racistes ...

Au dehors, les hurlements du désordre et de la décadence ; en nous-mêmes, le calme. Car nous savons.

Nous savons la modernité malade. Sa maladie, elle l'appelle civilisation, progrès, démocratie — sans s'apercevoir que ses seuls progrès se font en direction du tombeau. Elle aspire au bien-être, au « bonheur » ; elle voudrait supprimer la souffrance et, si possible, la mort. Idéaux typiques d'un taré mal à l'aise dans sa peau, profondément malheureux de ce qu'il est, souffrant de ses propres contradictions et terrorisé par la mort qu'il sent déjà rôder autour de lui. L'homme moderne parle d'humanité, de fraternité, d'amour du prochain, de paix, de non-violence, alors qu'il crève de haine. Haine de tout ce qui est sain, noble, fort, généreux, créateur, beau, pur. Haine de la volonté, haine de l'honneur.

---

1 — René Binet, *Théorie du Racisme*, Ed. les Wikings, 10, rue Mayet, Paris 6ᵉ, 1950.

Nous savons d'où vient le mal et, seuls, nous en connaissons le remède. Mais nous, minorité raciste, dispersés de par le monde, nous ignorons encore si notre génération sera en mesure d'administrer ce remède. Car notre savoir est peu répandu et nous avons à surmonter le barrage de l'erreur et de la calomnie. Aussi, notre petit livre ne s'adresse pas seulement aux générations actuelles, mais à celles qui suivront.

Nous savons que l'antiracisme, cette forme militante de la décadence, conduit aux grandes catastrophes. La Chine, en un effort exemplaire, s'est dotée de toutes les armes modernes qui, sitôt produites en quantités suffisantes, permettront aux Jaunes de se répandre sur toute la Terre. Et si quelque miracle, *in extremis*, écartait ce péril, les contradictions internes des démocraties ploutocratiques ou communistes auraient tôt fait d'amener d'autres désastres, pensons par exemple aux grandes famines sur une planète surpeuplée, à la pollution de l'air, de l'eau et du sol qui, certaines limites franchies, pourrait supprimer d'un coup des populations entières ; pensons aussi à l'inexorable dégénérescence des nations « civilisées », qui pourrissent littéralement sur place jusqu'au jour où un simple souffle les balaiera.

Lecteur, garde ce petit livre dans ta bibliothèque ... il s'adresse peut-être aux survivants du XXIe siècle !

INTRODUCTION

Le racisme est vieux comme la vie.

En tant que comportement visant à éliminer les porteurs de tares (exemple-type : les guerres entre rats), un racisme instinctif se retrouve à tous les échelons du monde animal.

Devenu conscient chez l'homme, on le rencontre déjà dans la préhistoire, puisque l'agriculture et l'élevage n'ont pu progresser que par des mesures délibérées de sélection fondées sur une longue observation de la nature. On ignorait évidemment les finesses de l'hérédité, mais on en devinait les lois principales et, surtout, on les appliquait avec succès.

Pour l'Antiquité, rappelons simplement l'exposition des enfants chez les Grecs qui, par là, transposaient à l'homme des méthodes éprouvées en élevage.

Fondée sur l'hérédité, la noblesse médiévale s'est montrée raciste à sa manière.

Entre temps, la pensée philosophique avait découvert quelques bribes théoriques de racisme. Ces éléments s'additionnent : on en trouve déjà d'appréciables ensembles chez Kant, Goethe ou Schopenhauer.

Le temps des précurseurs commence. Fabre d'Olivet, dans son *Histoire philosophique de l'Humanité*, constate, à l'étude des plus anciens textes religieux et légendaires, que tous relatent le choc d'une race venue du nord (appelée boréenne) avec une autre venue du sud (dite sudéenne), et il en tire des conclusions dont certaines nous surprennent par leur clairvoyance. En 1824, il est assassiné par une secte opposée à ses vues.

Entre temps naît la biologie de l'hérédité : Mendel en est le père. Darwin tire les premières conclusions théoriques des vieilles méthodes pratiquées par les éleveurs. L'anthropologie prend son essor avec Virschow et Quatrefages.

Parallèlement aux scientifiques (dont on retrouvera facilement les œuvres dans la littérature spécialisée), les précurseurs, utilisant aussitôt les apports de ceux-ci, ouvrent la voie au racisme moderne. Nietzsche démonte les mécanismes de l'antisélection dans la décadence moderne. Gobineau fait époque en analysant l'histoire sous l'angle racial, mais sa conception des « *races pures* », aujourd'hui insoutenable, l'a conduit à un pessimisme désespéré. Vacher de Lapouge, indépendamment de Nietzsche mais avec plus de précision, a montré le rôle sélectif des structures sociales.

Après les précurseurs, les continuateurs : Houston Stuart Chamberlain corrige Gobineau : il insiste sur les facteurs contribuant à la formation de races nouvelles : isolement d'une communauté, sélection, mélange racial avant l'isolement (étant donné que tout mélange ne « réussit » pas).

Au XXe siècle, la génétique ouvre de vastes horizons. L'étude des jumeaux établit l'énorme importance de l'hérédité psychique.

La France continue de produire des auteurs de premier ordre, comme G. Montandon, A. Carrel et A. de Chateaubriant. Mais le racisme trouve des moyens de diffusion supérieurs en Allemagne et en Italie avec le national-socialisme et la fascisme. Günther et von Eickstedt assurent avant tout le fondement anthropologique du racisme et Rosenberg jette les bases critiques de la connaissance et de la culture (il fut pendu en 1946 par les vainqueurs de la deuxième guerre mondiale). L'apport italien est beaucoup moins connu, mais cela vaut la peine de lire à ce sujet « *Saggi sulle teorie etiche e sociali dell'Italia fascista* » par A. James Gregor[1] qui rend justice à Giovanni Gentile et souligne l'originalité du racisme italien.

En 1945, la victoire des « démocraties » fut aussi celle de l'antiracisme et de sanglantes épurations se prolongèrent sur le plan des propagandes par un tir de barrage.

Néanmoins, en France, René Binet publiait en 1950 *Théorie du Racisme*; il fut l'un des cinq membres fondateurs du Nouvel Ordre Européen en 1951 et écrivit encore *Socialisme National contre Marxisme*. En Allemagne, Friedrich Ritter éditait lui-même les trois volumes de *Das offenbarte Leben*[2] dont nous parlons plus loin. De même, en 1969, Jürgen Rieger éditait un opuscule *Rasse, ein Problem auch für uns*[3]. En Italie, Julius Evola, par de nombreuses œuvres, a maintenu le flambeau après guerre ; mentionnons encore les articles de Gamma dans la « *Legione* » et ceux de Pino Rauti dans « *Ordine Nuovo* »[4]. En Amérique, biologistes et anthropologistes repoussaient victorieusement l'offensive de l'UNESCO. À côté de Grégor, déjà cité, des noms comme Garrett, Gates et Swan ont franchi l'Atlantique, et nous demanderons à nos amis du Nouveau-Monde, mieux placés, de compléter notre bref aperçu.

Aujourd'hui, passant outre aux tabous du jour, les scientifiques se sont tranquillement remis au travail, et une équipe encore restreinte de racistes a repris le sien.

Mais les « démocraties », après l'échec des épurations et de la terreur d'après guerre, chercheront d'autres armes contre des idées d'autant plus dangereuses pour elles qu'elles n'en ont aucune à opposer.

Nous sommes curieux de voir ce qu'elles trouveront.

---

1 — Édité en 1959 par la « *Legione* », Via Andrea Verga 5, Milan.
2 — Cf. p. 75.
3 — Chez l'auteur, Isefeldstr. 7, 2 Hamburg-Blankenese.
4 — Via degli Scipioni 268 A, Rome.

PREMIÈRE PARTIE

COMMENT SE POSE LE PROBLÈME

Critique de la connaissance

Discipline d'accès difficile, la critique de la connaissance, parce qu'examinant le degré de validité de nos « certitudes », rend de grands services dans la position des problèmes scientifiques.

Les sciences de la nature, en effet, se fondent toutes, plus ou moins consciemment, sur des actes de foi comme la croyance à un monde extérieur (espace cosmique), à un temps objectif, à des substances porteuses de qualités données. Autant de points à première vue évidents mais qui, chose curieuse, donnent lieu, suivant les auteurs, aux interprétations les plus contradictoires et aux querelles les plus spectaculaires : ainsi les physiciens, sur le nombre de dimensions de l'espace et sur la nature du temps.

Alors que le savant se propose d'établir des lois permettant d'expliquer des phénomènes, qu'il ne veut nullement faire œuvre de métaphysicien et encore moins de réformateur religieux, ses *a priori* et ses hypothèses de structure comportent toujours qu'il le veuille ou non, des prises de position métaphysiques et parfois même religieuses. Et aussitôt, le voilà en butte à de fortes pressions. Les partisans des diverses doctrines (philosophiques ou religieuses) cherchent à lui imposer leurs principes et leurs hypothèses, et cela au besoin par la contrainte, comme l'ont bien vu les biologistes soviétiques, ou les psychologues américains, qui, sur intervention d'organisations nègres, se sont vu interdire la pratique des tests d'intelligence dans les écoles de différents districts urbains. Ainsi, on interdit ou on impose certaines expériences au savant et, pour finir, on lui interdit ou on lui impose certains résultats. »[1]

Le savant, lui, dans une saine réaction, cherchera souvent à se dégager des doctrines philosophico-religieuses, mais sans y parvenir faute d'avoir suffisamment pratiqué la critique de la connaissance. Il est aisé, par exemple, de faire apparaître les *a priori* métaphysiques du positivisme qui, néanmoins, prétend mettre la métaphysique à la porte.

Venons-en donc aux principaux résultats de la critique de la connaissance.

Les sceptiques grecs avaient déjà poussé les investigations assez loin. Descartes, par un « doute méthodique » timidement appliqué, est passé à côté des questions capitales. Mais Kant, lui, a posé le problème auquel tous les philosophes ultérieurs ont dû se référer.

---

1 — Dans une conférence faite en 1952, René Binet déclarait : « S'il est possible que des chercheurs scientifiques soient indifférents à la politique, la politique, elle, ne se désintéresse en aucun cas de leurs travaux. »

« L'action d'un objet sur la faculté de représentation, dans la mesure où nous sommes touchés par celui-ci, est la sensation. »[1] Telle est la proposition célèbre qui a révolutionné la philosophie.

Kant appelle « phénomène » la sensation possible envisagée abstraitement. Si lui-même et ses continuateurs sont bien d'accord pour affirmer que ce phénomène constitue l'élément de connaissance immédiatement donné, plusieurs écoles ont diversement interprété la proposition citée. Pour l'une, l'« objet » et la « faculté de représentation » existent indépendamment du phénomène : c'est l'école réaliste, avec la subdivision consistant à déclarer connaissables ou inconnaissables ces termes réellement posés. Pour l'autre, seule la « faculté de représentation » existe, l'« objet » étant fictif et ayant dû servir à Kant pour s'exprimer plus facilement : c'est l'école idéaliste, elle aussi avec ses nuances. Pour une autre encore, les deux termes sont fictifs, simple commodité de langage pour suggérer ce qu'est la « sensation » et, partant, le « phénomène » : c'est l'école phénoméniste, avec l'aboutissement étrange, mais logique, du solipsisme. Pour une autre enfin, la réalité ou l'irréalité des deux termes reste problématique : c'est l'école perspectiviste.

Ces différentes solutions au problème posé par Kant représentent les grandes options métaphysiques possibles, et nous pourrions montrer sans peine que toutes les convictions philosophico-religieuses se rapportent à l'une ou à l'autre.

Par ses hypothèses de structure, le savant, lui, se place généralement dans un réalisme qualifiable de « naïf », puisque, comme l'enfant, il admet la réalité du temps, de l'espace et des substances, sans trop s'interroger sur la portée ou le bien fondé de ces « *a priori* ». Son but n'est pas la métaphysique, si importantes qu'y soient ses incursions, mais de découvrir les lois régissant les phénomènes. Le but est la loi scientifique, et non l'hypothèse de structure, simple instrument. La loi scientifique pourra dériver d'hypothèses de structures diverses ou même contradictoires. La certitude scientifique porte sur la loi et non sur les hypothèse utilisées. Hans Vaihinger[2], continuateur de Kant et de Nietzsche, a fort bien vu ce rôle secondaire de l'hypothèse et il veut que le savant s'interdise toute conclusion métaphysique, même si les hypothèse l'incitent à en faire : si la loi est certaine, parce que confirmée par l'expérience, l'hypothèse de structure reste toujours problématique. Le savant doit dire : « Tout se passe comme si », sans quoi il sort de son rôle.

Aussi, quand un spécialiste en blouse blanche, brandissant quelque éprouvette ou quelque film de chambre à bulles, vient prétendre que l'espace à une dimension de plus ou de moins, qu'il est fini ou qu'il possède la forme d'une conque, que la matière à telle structure, qu'elle comporte désormais telles particules nouvelles, nous avons des raisons d'y voir une aimable plaisanterie. Toutes ces hypothèses sont valables au même titre que les artifices de calcul en mathématiques supérieures : seule, la solution compte, c'est-à-dire la loi scientifique. Par méthode, la connaissance du savant se limite au phénomène et ne saurait fournir le moindre renseignement sur ce que Kant appelle la transcendance : le domaine de la « chose en soi ». Et comme la « foi » englobe justement les convictions touchant ce domaine, il s'ensuit qu'aucun laboratoire ne peut confirmer ou infirmer les convictions philosophiques ou religieuses : celles-ci relèvent de la conscience individuelle et touchent davantage au problème des valeurs qu'à celui de la connaissance.

Inversement, le doctrinaire, le théologien ou le philosophe, outrepassera ses limites, s'il prétend préjuger d'un quelconque résultat scientifique. Dès l'instant où sa doctrine le conduit à prévoir tel comportement des phénomènes, il formule une hypothèse et doit se soumettre au

---

1 — *Critique de la Raison pure, Esthétique transcendentale*, & 1, al. 2.
2 — *Die Philosophie des Als-Ob.*

jugement de l'expérience. Toute pression de sa part sur les savants, si fréquente aujourd'hui, n'est que barbarie pure et simple.

Dès lors, le racisme, fondé sur les lois de l'hérédité comme sur les données de l'anthropologie et des disciplines connexes, s'adresse aux partisans de toutes les convictions philosophico-religieuses, pour autant que, conscients des limites de la foi, ils acceptent la discipline scientifique et qu'ils possèdent encore l'instinct de défendre leur communauté naturelle.

Le racisme appelle l'élite biologique de toutes convictions[1] au combat contre la décadence.

L'HÉRÉDITÉ

Nous ne reviendrons pas ici en détail sur les résultats de la biologie de l'hérédité depuis Mendel ; nous les supposons connus. Au besoin, on se reportera aux ouvrages de vulgarisation. Ceux de Jean Rostand, par exemple, particulièrement clairs, révèlent à la fois le savant et l'artiste.[2] Mais les nombreux résultats acquis contrastent avec le déchaînement des polémiques. Vitalistes, matérialistes, fixistes, évolutionnistes, darwiniens, lamarckiens se livrent d'homériques batailles. Ces controverses proviennent en premier lieu d'un manque de précision quand on pose le problème. Nos propos précédents permettent déjà de renvoyer souvent les adversaires dos à dos, notamment lorsqu'ils invoquent les mêmes expériences et les mêmes lois en faveur d'hypothèses contradictoires. Les méthodes scientifiques ne départageront jamais les métaphysiques opposées. Et quand la controverse porte sur les faits, si l'expérience donne la victoire à l'un des camps, c'est toujours que l'autre s'est montré téméraire. Ainsi, les partisans d'un Dieu créateur tombent volontiers dans le « fixisme », affirmant que les espèces, créées depuis le début, n'évoluent pratiquement pas. (Pourquoi Dieu n'aurait-il pas créé les masses protoplasmiques simples dont parlent les transformistes ?) Or, la mouche du vinaigre, la gueule-de-loup et autres organismes d'ordinaire inoffensifs ont mis le « fixisme » en déroute en évoluant en laboratoire.

Tout d'abord, une définition de l'hérédité, on s'en doute, contribuera à éclairer les idées et à dissiper les faux problèmes. On a voulu la définir comme le processus causal par lequel un organisme ressemble à celui ou à ceux dont il est issu.

Cependant, bornée à cela, la définition serait à la fois trop large et trop étroite. Les ressemblances dues au milieu y seraient comprises ; ainsi, le père et le fils, l'un et l'autre bronzés parce qu'allant à la plage ; il faut donc soustraire des ressemblances celles que provoque le milieu pour obtenir les héréditaires — opération délicate. Inversement, cette définition exclurait les phénomènes d'atavisme et de combinaison, exclurait aussi les mutations qui, si elles ne sont pas héritées, deviennent héréditaires. Or, il est important, du point de vue méthodologique, de préciser les concepts *hérédité* et *milieu* de telle façon qu'ils se trouvent en rapport de disjonction parfaite. Si l'on désigne par 100% l'ensemble des causes de tel aspect individuel, il faut que nous ayons toujours : H (*hérédité*) + M (*milieu*) = 100%. Tout le problème est de déterminer la valeur de H, sa présence ne pouvant se contester. En effet, des cas fort simples montrent au premier venu la présence de phénomènes d'hérédité : une jument met bas un mulet. Cet animal diffère d'un poulain, malgré la similitude du milieu utérin. Eh bien, les caractères par lesquels

---

1 — Ceci ne signifie nullement que toutes les métaphysiques se valent. Leur lutte reflète la lutte des valeurs, fondement même de la vie culturelle.

2 — Ceux qui ont beaucoup oublié sur ce sujet auront avantage à faire une lecture de révision avant de poursuivre le présent texte. Ouvrage élémentaire : Jean Rostand, *L'Homme*.

notre bête ressemble à l'âne tout en différant de la jument ne peuvent être que le fait du père, et les causes de ces ressemblances devaient se trouver dans le spermatozoïde.

Pour ces raisons, il convient de corriger notre définition par un second élément : le processus héréditaire qui, à l'un de ses stades, embrasse tous les événements qui se déroulent dans l'œuf fécondé ; le milieu, lui, désigne le processus causal qui, au même stade, embrasse tous les événements se passant en dehors de l'œuf fécondé. La disjonction est donc ici parfaite, quelles que soient les interférences pouvant se produire à des stades ultérieurs entre les deux groupes causaux.

Dans le même but de clarté, appelons *variations* les différences entre l'enfant et ses parents. On en distingue trois formes : la *modification*, soit une différence due au milieu et qui n'est pas héréditaire ; la *combinaison*, soit une différence due au fait que certaines caractéristiques des parents s'excluent, l'enfant présentant un aspect intermédiaire (couleur café au lait des mulâtres) ou composite ; la *mutation*, soit une différence due à des causes encore peu connues (régime, climat, influences cosmiques) et qui est héréditaire, se distinguant de la combinaison par le fait qu'elle constitue un élément entièrement nouveau, jamais vu chez les ascendants ; en outre, combinaisons et mutations se comportent différemment chez les générations ultérieures.

La chose est claire à présent. Comme un caractère dépend de deux facteurs : l'hérédité (processus causal issu de l'œuf fécondé) et le milieu (processus causal venant du dehors), ce qui est héréditaire n'est donc pas tel aspect, mais tel *mode de réaction* de l'organisme, menant tel aspect, si le milieu ne s'y oppose pas. On pourra néanmoins, pour simplifier, parler de caractère héréditaire dans les cas où l'influence du milieu est très faible et où le mode de réaction conduit fatalement à l'aspect (par exemple : la pigmentation du Nègre).

En appliquant rigoureusement ces principes précis, nous dissiperons bien des malentendus, comme la fameuse controverse sur l'« hérédité des caractères acquis » — formule imprécise, comme nous le verrons.

Issue de Lamarck, une théorie a soutenu et soutient encore l'hérédité des « caractères acquis ». Que cela veut-il dire ? S'il s'agit simplement d'aspects survenus à un moment donné, il n'y a pas de quoi s'arracher les cheveux. Dans ce sens, les *mutations* représentent des caractères acquis et héréditaires, et la thèse des lamarckiens ne saurait être mise en doute. Mais tel n'est point leur propos. Ils veulent parler de caractères physiques ou psychiques provoqués par le milieu chez un individu, caractères qui deviendraient héréditaires.

Cette controverse s'envenime en outre avec l'intervention des marxistes, hostiles à tout privilège de naissance, fût-ce une supériorité physique ou psychique résultant du capital héréditaire. On est anticapitaliste ou on ne l'est pas !... Foin donc de toutes les conceptions réactionnaires affirmant des différences irrémédiables entre individus et visant à saboter la régénération humaine par le communisme !...

En réalité, il s'agit de savoir si, parmi les différentes causes de mutations, il en est qui consistent en une acquisition par l'individu d'un caractère tel qu'il produira une mutation dans la cellule germinale, et par conséquent une mutation dirigée inscrivant le dit caractère dans le code génétique. Un tel mécanisme est imaginable, à titre de renversement de chaîne causale. Ainsi, une bande magnétique transmet un message à un haut-parleur, et vous entendez une symphonie ; mais si, voulant copier un disque sur une bande, vous oubliez de déconnecter le haut-parleur du magnétophone, celui-ci fonctionne en micro et enregistre vos conversations sur la symphonie du disque. De même : alors que tel gène produira telle hormone qui, à son tour et si tout va bien, suscitera telle structure physique ou psychique, inversement, une structure nouvelle, épuisant les possibilités de réponse de l'organisme, provoquerait un déséquilibre hormonal conduisant à la transformation d'un gène inutilisé ou affecté à une autre destination, de manière à combler le déséquilibre. Le phénomène serait du même genre que le développement d'un rein après l'ablation de l'autre, avec cette simple différence qu'il s'agirait de l'organe miniature qu'est un gène.

Si nous connaissons certains facteurs mutagéniques comme les rayons X, la température, l'acide thymonucléique, nous savons encore peu de chose du rôle joué par les divers processus normaux ou pathologiques du corps et de l'âme. Dès lors, devant la complexité d'un mécanisme lamarckien, il est clair que la science a encore beaucoup à élucider. En d'autres termes, la controverse est prématurée car elle dépend de recherches ultérieures. Quant aux antilamarckiens, qui nient mécanisme parce qu'ils n'ont pu jusqu'ici le reproduire en laboratoire, leur position paraît téméraire.

Du point de vue pratique, l'importance du débat vient du fait que le processus lamarckien, prouvé, valoriserait les méthodes éducatives et la bonne conduite Individuelle, lesquelles pourraient, dans certaines conditions, exercer une influence positive sur l'hérédité.

D'ailleurs, même sans lamarckisme, éducation et bonne conduite restent importantes puisque révélatrices de mutations favorables à sélectionner.

Les problèmes litigieux de ce genre, communs d'ailleurs à toutes les sciences de la nature, ne doivent pas faire oublier les progrès foudroyants réalisés en un siècle par la biologie de l'hérédité. Les chromosomes salivaires géants de la drosophile, cent cinquante fois plus longs que les autres, marquèrent une étape importante ; ils firent apparaître, au microscope, des striations transversales approchant du nombre présumé pour le total des gènes. Des localisations devinrent possibles. On dressa des cartes topographiques des chromosomes … Mais l'étude des jumeaux s'avéra encore plus importante.

Devant des expériences sur les mouches ou sur les gueules-de-loup, on pouvait reconnaître que c'était bien joli, mais douter que cela fût valable pour les hommes, surtout pour leur psychisme. Avant d'étudier les jumeaux, on avait tenté de déterminer les facteurs M et H par l'examen d'enfants du même orphelinat, en partant de l'idée qu'ils vivaient dans un milieu identique et que, par conséquent, les différences existant entre eux venaient exclusivement de l'hérédité. Et l'on trouvait pour celle-ci une prépondérance incontestable. Mais des détracteurs contestèrent l'identité de milieu, expliquant les écarts constatés par de légères différences : tel enfant était entré quelques mois plus tard à l'orphelinat ; tel autre se trouvait au premier rang tandis qu'un troisième était assis au fond de la classe ; celui-ci a eu telle déception épargnée aux autres, et ainsi de suite. L'identité parfaite de milieu étant irréalisable, on ne parvenait pas à isoler le facteur H avec certitude. Il restait donc à examiner les cas d'identité absolue des hérédités, afin d'isoler le facteur M, et à étudier des jumeaux univitellins qui, comme on sait, sont un seul individu en deux exemplaires. Ces jumeaux, élevés dans des milieux semblables (même famille, même école) présentent, dans les tests psychologiques, des concordances proches du 100%. D'où la première conclusion que les légères différences de milieu invoquées tout à l'heure pour les orphelins sont pour ainsi dire négligeables. En outre, des jumeaux séparés dès l'enfance et élevés dans des familles différentes révéleront l'influence maximum du facteur M, seul responsable possible des écarts constatés, atteignant quelque 20% pour un ensemble de tests. Mais cette fois, devant l'objection qu'un écart maximum des milieux est lui aussi irréalisable, d'autres méthodes permettent de serrer la réalité de plus près. Les jumeaux bivitellins, eux, ont la même hérédité que des frères et sœurs ordinaires ; leur comparaison avec ceux-ci met en évidence le rôle de l'identité de l'âge et du milieu utérin. D'autre part, selon que les uns et les autres seront séparés ou élevés ensemble, on constatera l'influence des variations du facteur M. Enfin, la comparaison d'orphelins déjà mentionnée, de même race, puis de races différentes, permet cette fois de faire varier H. Cette gamme de méthodes conduit à évaluer à quelque 75% le rôle de l'hérédité dans les structures psychiques.[1]

La marge d'imprécision qui subsiste tient uniquement à l'imprécision de la psychologie elle-même et de ses tests, lesquels décèlent des écarts ou des concordances sans pouvoir généralement en indiquer les causes ni la portée exacte. Le test enregistre fidèlement les variations d'x et d'y dont il ne donne pas la valeur. Mais quelques simples considérations sur le problème des tendances donnent déjà une lumière appréciable.

Si nous définissons le caractère comme l'ensemble des aspects psychiques irrationnels relativement stables chez un individu et influant sur son comportement, le caractère est à l'âme, ce que la constitution est au corps.

La constitution, elle, est en très grande partie héréditairement déterminée, mais non de façon totale, le milieu pouvant laisser une empreinte durable, surtout lorsqu'il agit tôt. Néanmoins, la plupart des aspects fonctionnels physiques durables dépendent de structures somatiques héréditaires. Cela constitue déjà une présomption par analogie en faveur d'une forte concordance entre caractère et hérédité, en ce sens que le caractère serait formé de nombreux éléments héréditaires sur l'ordonnance desquels le milieu exerce une action. On a objecté que certains aspects, souvent durables, tels l'avarice, le courage, peuvent surgir ou disparaître sous des influences extérieures. Il existe sans aucun doute une éducation du courage, capable de transformer certains poltrons en hommes passables, et l'on pourrait se hâter de conclure que ces traits sont exclusivement fonction du milieu et qu'en fin de compte on peut avoir le caractère que l'on veut. On commettrait une erreur grossière fondée sur un raisonnement simpliste étayé par une observation superficielle, ignorant les très nombreux cas de lâcheté rebelles à toute éducation. L'erreur vient de ce que le courage, par exemple, n'est pas un élément caractérologique simple,

---

1 — Charles R. Stockard, *The Genetic and Endocrine Basis for Differences in Form and Behaviour*, The Wistar Institute of Anatomy and Biology, Philadelphie 1941. L'auteur étudie les croisements entre races de chiens présentant de fortes différences dans les comportements et démontre que ces comportements obéissent exactement aux lois de Mendel, ce qui prouve l'hérédité psychique, contestée par les plumitifs « démocratiques » ; et cela, d'autant plus que la vie psychique du chien, très évoluée, ne fait aucun doute. Voir à ce sujet les œuvres de Konrad Lorenz, notamment *Das sogenannte Bôse*, Dr. G. Borotha-Schœler Verlag, Viennes 1963. En français : *L'Agression*.

Francis Galton, *Heriditary Genius*, 1869, a fait époque par l'étude des familles d'hommes illustres, mettant en évidence le rôle de l'hérédité.

Johannes Lange, *Studies of criminal tendancies in twins*, in « Journal of American Medicine Association », vol. 102, 1934, p. 1098.

H. Kranz, *Criminilaty in twins*, in « Journal of American Medicine Association », vol. 103, 1934, p. 1080.

H. H. Newman, Multiple Human Births, Doubleday, Doran & Co., 1940.

Ces trois auteurs constatent des taux de similarité de plus de 50% dans la criminalité des jumeaux univitellins, ce qui est extraordinaire du fait que la justice n'atteint pas tous les coupables et que le milieu fournit les « occasions qui font les larrons ».

Franz J. Kallmann. *The genetic theory of schizophrenia*, in « American Journal of Psychiatry », vol. 103, 1946, p. 309-22, sur l'hérédité de la schizophrénie.

E. Hanhart, *Über 27 Sippen mit infantiler amaurotischer Idiotie*, in « Acta Genetica Medica », vol. 3, 1954, p. 331-64. L'auteur conclut à l'hérédité récessive de l'idiotie amaurotique.

Cattel et al., *The inheritance of personality*, in « American Journal of Human Genetics », vol. 7, 1955, pp. 122-46. En 1955, les auteurs ont comparé 104 jumeaux univitellins, 64 jumeaux bivitellins, 182 frères et sœurs élevés dans le même foyer, 72 enfants de parents différents élevés ensemble, et 540 enfants pris au hasard dans la population.

mais complexe. Chez le courageux, la volonté se trouve en mesure de surmonter la peur animale de mourir. Or la peur de mourir, toujours présente, est plus ou moins forte, suivant que le pouvoir psychique la favorise ou non par une morale de jouissance et de confort. De même, la force de volonté dépend de nombreux facteurs, tels que l'exercice, les hormones sexuelles (la poltronnerie des eunuques est proverbiale), tels aussi que l'absence ou la présence de « refoulements ». Le courage, comme complexe de tendances que nous n'étudierons pas ici dans le détail, se prête à l'éducation, celle-ci pouvant favoriser ou contrarier telle ou telle tendance et par là renverser le rapport des forces entre la volonté et la peur de mourir. C'est là un beau résultat, mais il n'y a pas création d'un seul élément caractérologique nouveau, et encore moins la preuve qu'on puisse forger le caractère comme on le désire. Au contraire, cette brève analyse laisse plutôt entrevoir les limites de l'éducation. Un tel renversement n'est possible que si l'écart entre les forces psychiques en présence n'est pas trop grand.

D'autre part, il est bien évident que le milieu ne nous enseigne pas à trouver désagréables les brûlures, morsures et piqûres, ni que l'éducation soit capable de nous les faire apprécier, ces impressions agréables ou désagréables étant étroitement liées à de nombreuses tendances ... De plus, nul ne prétendra que la faim ou le désir sexuel s'apprennent à l'école ... On nous objecte pourtant que nos tendances musicales nous font aller au concert ou que notre goût du changement nous fait voyager en Chine. Les tendances en question étant connues par la seule expérience, on nous fera des difficultés à les considérer comme déterminées héréditairement. — Ce sophisme, très courant, est justiciable des cas simples. Supposons un amnésique. Il n'a plus aucune notion du manger ni du boire. Cela l'empêchera-t-il d'avoir faim et soif ? Évidemment non ! Supposons un enfant sur une île déserte, loin de toute femme. Cela empêchera-t-il l'apparition du désir sexuel à la puberté ? Non, bien entendu. Dans les deux cas, il saute à l'esprit que la tendance se manifeste sous forme de tension douloureuse indépendamment de son objet. Et elle sera satisfaite ou non, suivant que l'objet, c'est-à-dire le moyen adéquat de satisfaction, sera trouvé ou non. Toute tendance comprend une partie irrationnelle : la « poussée », la « tension », l'« aspiration », et une partie rationnelle : la connaissance de l'objet. Cette dernière, seule, dépend du milieu. La partie irrationnelle des tendances, comme tout élément héréditaire, est apparue un jour à titre de mutation individuelle. Son extension à de nombreux hommes dénote qu'elle a été utile ou liée à un élément utile, d'où sa généralisation par sélection. Ainsi, s'il devenait d'un intérêt primordial d'avoir du goût pour l'aviation, il faudrait fort peu de siècles pour que tout un peuple ait la passion de l'air. Et si l'on élevait alors un rejeton dans un coin perdu, loin de tout aérodrome, il serait horriblement malheureux.

Précisons encore que le caractère ne groupe pas tous les éléments psychiques héréditaires (de même que la constitution pour le corps). Il y a des aspects apparus tardivement et pourtant héréditaires. Les dents n'apparaissent pas à la naissance, l'instinct sexuel à peine, et cependant nul ne songe à les considérer comme « acquis ». Il en est de même pour toute une partie de l'évolution psychique, liée à l'âge.

Quant aux corrélations existant entre aspects héréditaires physiques et psychiques, dont l'étude scientifique commence seulement, elles relèvent de la physiognomonie. En effet, les traits du visage, tout à fait indifférents à la « lutte pour la vie », doivent posséder de nombreuses corrélations psychiques (cf. point 22 du commentaire du *Manifeste social-raciste*).

La caractérologie actuelle, balbutiante comme toute psychologie, a déjà le mérite de réunir un appréciable matériel d'observation. Mais, en l'absence de critères biologiques suffisants — et nous pouvons prévoir que ce sera la génétique qui les donnera — les classifications en « types » s'avèrent diverses au possible. Non qu'elles soient plus ou moins « fausses » (une classification n'est jamais « fausse »), mais certainement plus ou moins adéquates. Quand nous connaîtrons mieux le détail des éléments psychiques héréditaires, nous apprécierons mieux les classifications caractérologiques : les cyclothymes et les schizothymes de Kretschmer, les extravertis et les introvertis de Jung, les I_1, I_2, I_3 et les S de Jaensch, les « *Grundfunktionen* » de Pfahler, et bien d'autres.

Mais nous en savons déjà assez, aujourd'hui, pour considérer l'âme (soit ce qu'il y a de plus profond et de plus enraciné chez l'individu) comme essentiellement héréditaire.

L'hérédité psychique étant acquise, le racisme en découle. Ceux dont l'âme se ressemble assez pour être prédestinés au même combat forment une communauté raciale et ils doivent s'unir pour défendre cette communauté : d'abord en assurer la survie, puis l'ascension biologique.

L'ÉVOLUTION

À l'heure actuelle, l'évolution des espèces ne fait plus aucun doute. Le « fixisme » en vogue au début du XXe siècle a perdu la bataille depuis qu'on fait évoluer plantes et bêtes en laboratoire et que le principal mécanisme de l'évolution, la sélection, en est connu. Le « fixisme » se fondait simplement sur l'observation, exacte, que beaucoup d'espèces n'avaient pas « bougé » depuis des millions d'années, et sur celle, inexacte, que les races humaines seraient figées depuis quelque 30 000 ans. Cette fixité se produisant en laboratoire chaque fois qu'on interrompt une sélection évolutive, celle observée dans la nature s'explique par une stabilité du milieu.

Phénomènes bien connus résultant de, causes mal connues, les mutations fournissent la matière première la sélection. Leur incidence, positive ou négative, sur la reproduction, conduit à les généraliser ou à les éliminer. (Voir aussi le point 7 du commentaire du *Manifeste social-raciste.*)

Exercée par le savant en laboratoire, par l'éleveur sur les animaux domestiques, par la nature sur les espèces sauvages, par le régime social et les événements historiques sur l'homme, cette sélection consiste, sous des visages variés, en une action du milieu déterminant le caractère positif ou négatif d'une mutation qui, souvent, de négative dans le milieu A devient positive dans le milieu B, et inversement, d'où la possibilité d'une antisélection. Un milieu A produit une évolution déterminée. Un milieu B survient brutalement ; l'espèce, affligée de mutations soudain négatives, disparaît. La nature elle-même, à qui l'on fait trop confiance, a mené et mène encore des espèces à leur destruction.

L'homme, lui, a voulu vaincre la nature. Il a profondément modifié le milieu sélectif, et il le modifie toujours davantage ; il empêche dans une forte mesure et il cherche à empêcher toujours plus cette sélection qui exige que les individus tarés soient sacrifiés. Et, refusant le sacrifice individuel, il conserve, il favorise, il cultive ceux qui sont malades. l'homme, celui des civilisations avancées surtout, est l'effroyable artisan de sa dégénérescence. En mettant l'individu au-dessus de la race, en travaillant au « bonheur », au confort, au bien-être, en conservant artificiellement les faibles et les tarés, l'homme met aujourd'hui son esprit, sa science, son génie à se préparer l'agonie la plus atroce dans une indicible pourriture physique et morale.

C'est ce que montre Friedrich Ritter dans les trois volumes de *Das offenbarte Leben* (cité en note plus loin). Par des milliers d'exemples tirés du monde animal, notamment de la parasitologie qui est sa spécialité, cet auteur illustre le jeu infiniment varié des mutations et de la sélection aboutissant à l'ascension ou au déclin biologique.

Pour l'homme, le diagnostic de Friedrich Ritter est des plus graves. L'arrêt de la sélection naturelle accumule le déchet humain (cf. *Manifeste*, point 32) jusqu'au moment où celui-ci parvient aux leviers de commande politiques et met l'État au service de sa conservation individuelle. Alors que les animaux supérieurs pratiquent couramment le sacrifice individuel (la chatte défendant ses petits jusqu'à la mort, ou l'oiseau sa couvée), le dégénéré humain, inférieur en cela au plus humble chimpanzé, non seulement refuse ce sacrifice, mais sacrifie les générations futures au maintien et l'accroissement de ce déchet. Et Friedrich Ritter passe en revue tous les secteurs de la décadence moderne, dite « civilisation », et met en lumière les actions antisélectives émanant de chacun d'eux. Nous ne pouvons que demander à nos lecteurs de se reporter à ce réquisitoire, car il est difficile d'en prononcer un plus terrible.

Comme nous le constatons, le déchet biologique, aujourd'hui, sous couleur de progrès, de « bonheur », d'égalité, d'humanité, de démocratie, d'antiracisme, cherche à éliminer par étouffement les forces saines qui subsistent et qu'il considère comme un danger.

Ce réquisitoire conduirait à un pessimisme résigné si nous ignorions que les événements historiques et les régimes sociaux — ce milieu sélectif pour l'homme peuvent obéir à notre volonté. En écartant le déchet des leviers de commande, nous pourrions instaurer un milieu qui conduise notre communauté à l'ascension biologique ; nous mettrions fin à cette ignoble modernité où honneur et générosité n'ont plus de place, où des « vertus » de trafiquant et de lèche-pieds conduisent au succès et à la considération, où la lâcheté s'appelle prudence, la félonie habileté, la haine et la vengeance justice, le fanatisme enthousiasme, la stupidité, la brutalité et la barbarie courage, la faiblesse magnanimité.

Si nous n'écartons pas le déchet des leviers de commande, c'est l'inévitable déclin, car l'ignoble n'est pas viable sans la noblesse désintéressée aux dépens de laquelle il mène sa vie parasitaire.

Notre évolution est entre nos mains. Notre déclin ou notre ascension dépendra du combat entre l'idéal de la race et celui du déchet.

Objections

En ces heures de déclin particulièrement sombres de 1970, le racisme se heurte à certaines objections constamment renouvelées. Leur malveillance ou leur simplisme ne saurait nous dispenser d'y répondre : diffusées au sein des populations par une puissante propagande, elles nous opposent un barrage qu'il nous incombe de rompre.

- **Préjugé n° 1 : Les racistes veulent exterminer les autres races ou du moins les exploiter.**

Il y a eu, en effet, des exterminations de races : le génocide des Peaux-Rouges au nom de la religion, puis de la démocratie ; celui des Tasmaniens au nom de rien du tout, comme partie de chasse.

Ce n'était pas l'œuvre de racistes.[1]

---

1 — Quant aux « six millions de Juifs gazés » par l'Allemagne nationale-socialiste, Paul Rassinier, ancien déporté au camp de concentration de Buchenwald et de Dora, montre dans son livre *Le Drame des Juifs européens* (Les Sept Couleurs, Paris, 1964), que les pertes juives totales durant la deuxième guerre mondiale ne sauraient dépasser 1.4 million. De son côté, le Dr. Franz J. Scheidl, dans *Die Millionenvergasungen* (Dr. Scheidl-Verlag, Vienne, Postfach 61) conclut des pertes juives de 300 000 hommes dans les camps. On ne peut donc parler de génocide. Bien entendu, il ne saurait être question d'approuver les excès commis, mais il convient de rappeler que tous les belligérants en ont de semblables sur la conscience : Hiroshima, Nagasaki, Dresde, Katyn pour ne citer que les plus spectaculaires. En outre, il n'est pas légitime de tirer argument, contre une doctrine, d'excès faits en son nom, sans quoi l'Inquisition réfuterait le catholicisme. On ne peut combattre une doctrine qu'en réfutant ses thèses.

Certes, les doctrines ont toutes connu des déviations outrancières. Des zélateurs ont justifié le massacre d'hérétiques par la religion. Le patriotisme, pourtant légitime quand il se défend, a couvert toutes les conquêtes, tous les jougs, toutes les atrocités[1]. Le racisme, lui aussi, peut être trahi par des zélateurs bornés et criminels qui en appellent à la haine et prêchent l'anéantissement des autres races, à l'image de Caton demandant la destruction de Carthage[2]. Mais, ce faisant, ils trahissent leur race qui doit s'élever par ses propres forces et non par la ruine des autres.

Ce racisme n'est pas le nôtre. Nous, nous savons que nous sommes une partie de cette vie qui, sous des millions de formes, lutte pour l'ascension afin de devenir plus forte et plus belle. « Les hommes sont tous frères », nous dit-on. Nous dirons plus : « Nous sommes non seulement frères des autres races, mais frères de l'animal et frères de la plante. » Et ce ne sont pas les racistes qui exterminent les léopards pour vêtir des citadines aussi élégantes qu'inconscientes, ou qui massacrent les forêts pour fabriquer du papier journal. Chaque espèce, chaque race, est une manifestation de la vie, et nous n'avons pas le droit d'en supprimer une seule, même la plus modeste, sous prétexte de notre force momentanée, des chances qu'elle a, par ses qualités propres, de ne s'épanouir que dans un million ou dans un milliard, d'années. Mais, comme race parmi les autres, nous avons le devoir de développer nos qualités. Nous ne nous appartenons pas ; nous sommes un message de la vie.

Il y a de nombreuses races humaines. Leur développement particulier est la condition même de leur ascension[3] et nous sommes prêts à aider les autres sur leur chemin[4]. Nous condamnons l'impérialisme, qui équivaut à cultiver le parasitisme dans notre communauté. Au contraire, nous proclamons que toutes les valeurs, économiques ou culturelles, doivent être notre œuvre ; nous dégénérerions à vouloir les piller.

- **Préjugé n° 2 : Racisme est synonyme d'antisémitisme ; les antisémites désirent exterminer les Juifs ; donc le racisme a des buts criminels.**

La préface du *Manifeste social-raciste* rappelle que les Juifs eux-mêmes ont pratiqué le racisme. Ils le pratiquent d'ailleurs toujours et on éprouverait quelque difficulté à les traiter d'antisémites. Le terme « antisémitisme » d'ailleurs prête à confusion : Il devrait signifier hostilité aux Sémites, alors que son acception ordinaire n'englobe pas les Arabes, mais se limite aux Juifs, sans préciser si l'on vise le peuple ou les adeptes de la religion. Mais à en croire les grands journaux, toute opposition à n'importe quelle entreprise juive est antisémite, donc criminelle.

En réalité, la question juive s'est posée à un stade fort tardif de l'évolution humaine. Et, cette question résolue, le racisme, fondé sur les lois de la vie, restera valable.

---

1 — Dieu lui-même aurait ordonné aux Juifs de passer au fil de l'épée les habitants de Jéricho, femmes, enfants et animaux (!) compris (*Josué*, 6).

2 — Plusieurs auteurs ont vu avec raison dans la victoire romaine une victoire aryenne. Mais la destruction de Carthage reste une erreur. Il faut se conserver son ennemi. L'absence d'adversaire a été un facteur important dans la décadence de l'Empire.

3 — H.-V. Roberts, dans la revue « *International Affairs* », d'avril 1958 : « On doit tirer de la situation sud-africaine, une leçon qui peut donner à réfléchir à ceux qui voudraient résoudre le problème d'un trait de plume en accordant les pleins droits démocratiques à tout adulte d'Afrique du Sud, sans considération de race. (...) Mais nous semblons bien, en fait, nous orienter vers l'idée d'une administration centrale mondiale. (...) Les citoyens des États-Unis accepteraient-ils la perspective d'être mis en minorité, dans la proportion de cinq contre un, par un milliard de communistes en Asie et en Europe orientale ? (...) ... Cette minorité de Blancs se trouve actuellement en face de ce dilemme et sous une forme plus aiguë. »

4 — Et non en leur imposant le nôtre. Ainsi, ce fut un crime envers les Nègres que de les arracher à la nature, à leurs traditions, à leurs croyances.

Il n'équivaut donc nullement à « antisémitisme ».

Ensuite, on peut s'opposer à telle visée des Juifs, sans pour autant désirer leur extermination. Qu'il y ait eu des réactions brutales au cours de l'histoire, partout et régulièrement, prouve simplement que les peuples, une fois exaspérés, ne savent guère établir de nuances dans le choix des méthodes et que la cause première de ces explosions réside chez les Juifs eux-même[1]. On rechercherait en vain, dans la nuit des temps, les causes, par conséquent les responsabilités, qui ont conduit les Juifs à un parasitisme si régulièrement intolérable pour les autres peuples. Que ces responsabilités soient partagées ou non ne change rigoureusement rien au problème, dont la solution ne saurait consister en massacres, puisque, malgré ceux de l'histoire, le problème se pose toujours. La véritable solution, c'est de ramener le peuple juif à côté et non au-dessus des autres, un peuple menant une vie nationale sur son territoire et créant lui-même ses valeurs économiques et culturelles, sans exploiter, conquérir ou spolier les autres. Cela, l'intérêt bien compris du peuple juif le commande[2].

Nous autres racistes, ne désirons l'extermination d'aucune ethnie. Nous sommes prêts à aider le peuple juif à se retrouver ; mais encore faut-il qu'il y ait chez lui un minimum de bonne volonté permettant des solutions amiables.

- **Préjugé n° 3 : Il n'existe plus de race pure, vu les mélanges survenus. Le racisme est donc sans fondement.**

Le contradicteur, ici, recourt à une acception périmée de la pureté (non-mélange), acception qui explique d'ailleurs le célèbre pessimisme de Gobineau. Les mélanges ayant toujours eu lieu, les races pures au sens ci-dessus n'auraient jamais pu se former.

Pureté signifie seulement que les générations successives sont homogènes, sans séparations mendéliennes. Éleveurs et sélectionneurs obtiennent couramment des races pures à partie de croisements.

- **Préjugé n° 4 : Le national-socialisme était raciste. Il était Mauvais. Donc le racisme est mauvais.**

Un collégien de troisième année réfuterait facilement ce syllogisme : Le national-socialisme n'est pas tout le racisme qui préexistait et qui lui survit.

Sans aucun doute, les dirigeants nationaux-socialistes ont commis des erreurs, sinon ils eussent gagné la guerre. Quiconque a perdu une partie d'échecs sait qu'il a fait une ou plusieurs fautes.

Une étude de ces erreurs, utile certes au politicien désireux d'en éviter le retour, excéderait le cadre de ce re. Mentionnons cependant la principale, qui touche à conception nationale-socialiste du racisme. Celle-ci, trop étroite, se limitait au type nordique. Elle a conduit, notamment, à traiter les peuples d'Europe orientale — Polonais, Ukrainiens, Russes — en peuples conquis au lieu les associer immédiatement à la lutte anticommuniste. Et il y a de fortes raisons de penser que cette faute, théorique, non tactique, a été décisive.

Mais le national-socialisme a eu ses points forts, sans quoi il n'eût pas résisté d'une manière aussi étonnante aux assauts du monde entier. Et au nombre de ses points forts, il faut compter

---

1 — C'est bien l'opinion de Bernard Lazare : « Il faut donc, puisque les ennemis des Juifs appartenaient aux races les plus diverses (...) que les causes générales de l'antisémitisme aient toujours résidé en Israël même ... » (*L'Antisémitisme, son Histoire, ses Causes*, Paris, 1894.) Nouvelle édition 1970. Librairie Française, 27, rue de l'Abbé-Grégoire, Paris 6e.

2 — C'est aussi ce que, veulent les philosophes juifs Martin Buber et Mosche Minuhin.

le racisme qui a donné au peuple allemand la certitude de combattre pour une juste cause. Il est malhabile, nous dira-t-on ici, de reconnaître de bons côtés à un régime vomi par l'opinion mondiale. Ce qui est malhabile, en réalité, c'est de céder à une propagande mondiale de mauvaise foi qui, tirant prétexte des points faibles, cherche à discréditer les points forts dont elle veut empêcher le retour. Céder signifie se mettre hors d'état de répondre à une objection aussi imbécile que le préjugé numéro 4.

- **Préjugé n° 5 : Le racisme est un panthéisme. Les adeptes des autres religions ne sauraient donc être racistes.**

Nous avons montré, sous le titre « critique de la connaissance », que le racisme dérivait des lois de l'hérédité et des tendances saines des adeptes de toutes les convictions philosophico-religieuses. Ces adeptes, y compris les panthéistes, seront racistes s'ils sont logiques et ennemis de la décadence.

- **Préjugé n° 6 : Les racistes Hitler et Gœbbels n'étaient pas blonds, ils ne répondaient même pas à la définition de l'Aryen. Il en va de même de nombreux racistes actuels.**

La race aryenne comprend cinq types principaux : deux blonds et trois bruns (cf. *Manifeste*, point 28).

À l'époque de Gobineau et de Vacher de Lapouge, seul le type nordique, relativement bien étudié, semblait représenter l'« *homo europeus* ». Les bruns d'Europe passaient pour quelque mixo-variation avec des autochtones mal définis.

C'est aussi l'une des raisons pour lesquelles le racisme national-socialiste, théoriquement fondé sur le type nordique, a souffert de contradictions internes du fait que la réalité allemande, avec ses composantes alpine et baltique orientale, ne répondait pas à la théorie. (Voir aussi réponse au *Préjugé* n° 4.)

Le Préjugé n° 6 : vise une définition périmée de l'Aryen.

- **Préjugé n° 7 : La mystique raciste de l'homme lui enlève toute liberté, il devient un être collectif dont la personnalité perd toute importance.**

Ce préjugé se fonde d'une part sur la vieille opposition déterminisme-libre arbitre, d'autre part sur le mensonge, systématiquement propagé malgré les évidences contraires, selon lequel seule la démocratie permet l'épanouissement des personnalités, tandis que les régimes d'autorité, totalitaires, dictatoriaux, « nazi-fascistes » veulent transformer l'individu en un simple numéro.

Le déterministe soutient qu'il n'y a pas d'effet sans Cause : les actes humains ont leurs causes et l'individu ne saurait agir autrement qu'il ne le fait. Le partisan du libre arbitre, lui, soutient qu'il y a un effet sans cause : l'acte libre de l'homme.

Or la foi au déterminisme exerce volontiers une action dépressive. Elle fait considérer tous les efforts et tous les rêves comme inutiles, puisque ce qui doit arriver arrivera et que le reste ne se produira jamais. D'où découragement. Puis sursaut désespéré d'espoir : mon ambition, mon action ne seraient-elles pas précisément, par hasard, un chaînon causal décisif amenant la réalisation souhaitée ? Dernière phase : rechute dans la mélancolie ; vu le déterminisme, mon ambition, mon activité, mes espérances et mes illusions, étant des résultantes, sont survenues, surviennent et surviendront nécessairement ; impossible de vouloir autre chose que ce qui est inscrit dans les astres ; et si je dois vouloir ceci, je le voudrai infailliblement. À ce stade, notre homme considère le monde et lui-même avec une profonde indifférence, teintée d'une pénétrante tristesse de jour de pluie. Car, dans un coin perdu, bien au fond, loin des regards de la foule, son âme d'autrefois et ses ambitions de jeunesse pleurent.

Dès lors, le racisme, fondé sur l'hérédité psychique, apporte une explication causale à des actes supposés libres jusqu'ici et contribue à renforcer l'interprétation dépressive décrite tout à l'heure. Notre homme se sent l'esclave de l'hérédité.

En fait, c'est la notion de liberté avancée par le partisan du libre arbitre qui est absurde et qui produit la dépression. Outre qu'un effet sans cause est strictement impensable, on en vient, une fois de plus, à soustraire l'homme aux lois de la nature, à postuler pour lui un privilège refusé à tous les autres êtres vivants.

Revenons donc à la réalité la plus simple. Quand avons-nous le sentiment de la liberté ? Lorsque nos actes expriment notre personnalité, notre âme. Quand avons-nous le sentiment de la contrainte ? Lorsque ces actes obéissent à un impératif extérieur : une nécessité matérielle, un ordre que nous n'approuvons pas. Que faire pour augmenter le sentiment de la liberté et diminuer celui de la contrainte ? — Découvrir notre morale prédestinée, qui dérive de la structure de notre âme — de notre race. Aussi, le racisme, qui nous fait agir selon notre âme, nous fait-il connaître le chant de la liberté intérieure, la joie de suivre notre loi.

Autrement dit, les difficultés tombent à l'instant où l'on abandonne la vieille et fumeuse conception de la liberté comme effet sans cause.

Quant à croire la démocratie particulièrement propice à l'épanouissement de la personnalité, c'est faire de l'humour involontaire. Les démocraties, même ploutocratiques, connaissent la plus impitoyable dictature du conformisme. Les moyens de communication de masse, orchestrés, pratiquent le viol systématique des personnalités pour imposer les idéaux de l'égalité humaine, l'amour du « progrès », la foi en la machine et par dessus tout — l'antiracisme. Ce sont des démocraties qui ont interdit les réunions du Nouvel Ordre Européen et qui, par des lois ou une jurisprudence *ad hoc*, empêchent la discussion de certains problèmes, tel le problème juif »[1].

En revanche, Adolf Hitler lui-même, qu'on accuse en général de faire litière de l'individu et de la personnalité, écrit :

Le mouvement doit lutter pour le respect de la personne ; il ne doit pas oublier que dans la personne réside l'ultime valeur des choses humaines, que toute idée et toute réalisation sont dues à la force créatrice d'un homme et que l'admiration devant la grandeur ne représente par seulement la reconnaissance, mais l'union de ceux qui remercient.

La personne est irremplaçable ; surtout si elle n'incarne pas l'élément mécanique, mais l'élément culturel et créateur. De même qu'un maître célèbre ne se peut remplacer et qu'un autre ne saurait finir à sa place une toile à moitié peinte, de même est irremplaçable le grand poète et le penseur, le grand homme d'État et le grand général. (...)

Les révolutions et les progrès les plus considérables sur cette terre, les œuvres culturelles sublimes, les actions immortelles dans l'art et dans la politique, toutes ces choses sont éternellement et indissolublement liées à un nom. Renoncer à rendre hommage au génie signifie perdre la force incommensurable que nous apportent les noms d'hommes et de femmes doués de grandeur. (...)

Lorsque des cœurs humains se brisent et que des âmes humaines désespèrent, les héros qui ont vaincu la nécessité et les soucis, la honte et la misère, l'esclavage spirituel et physique,

---

1 — C'est le cas en Allemagne, en France et en Suisse. Dans les deux premiers pays, par le moyen de la loi, dans le troisième, par la voie de la Jurisprudence, comme l'a montré le procès du Dr J.-A. Mathez.

ces héros, du fond crépusculaire du passé, posent le regard sur les mortels en détresse et leur tendent leurs immortelles mains !

Malheur au peuple qui a honte de les saisir ![1]

Comme on voit, les bobards de la propagande ploutodémocratique se distinguent, ici comme partout, par le mépris de la réalité.

Sans aucun doute, un ordre social comportera toujours une certaine contrainte — mais qui peut être librement acceptée. C'est ce qu'écrivait un camarade dans l' « Europe réelle » no 26, juin 1960 :

Dans l'État raciste, chargé de diriger ses membres dans le sens du bien commun, l'individu se trouve libéré, car sa personnalité n'est plus en conflit avec celle d'autres électeurs (comme c'est le cas dans la société démocratique) ou avec celle d'une caste de fonctionnaires (comme c'est le cas dans la société marxiste). En se soumettant de bon gré (...), il prend une option volontaire, ce qui est le propre d'un acte « libre ». (...)

La société raciste de demain, ce sera une communauté ethnique et sociale d'hommes unis librement et construisant leur « devenir » personnel en travaillant au coude à coude à l' « œuvre communautaire ».

Dans notre société, l'homme sera un homme libre au sens plein de ce mot.

Le Veilleur

---

1 — *Mein Kampf*, édition de 1941, pp. 387-388, Franz Eher, Munich.

DEUXIÈME PARTIE

LE MANIFESTE SOCIAL-RACISTE

LE NOUVEL ORDRE EUROPÉEN

Les vainqueurs de 1945, on le sait, ont étouffé par tous les moyens possibles les idées « contraires à la démocratie » — notamment, et surtout, le racisme. En mime temps, grâce à une armée de perroquets dociles, ils propageaient les nouveaux dogmes : égalité humaine, droit au bonheur, progrès et démocratie, liberté, paix — autant de mots couvrant une même marchandise : la décadence Voulue, organisée.

Des hommes, d'abord isolés, se groupent autour de quelques journaux souvent éphémères. Des contacts sont pris d'un pays à l'autre. Au Portugal, la revue « *A Naçao* » avec le philosophe Aifredo Pimenta ose s'élever contre le procès de Nuremberg et contre les « épurations ». Peu à peu, une collaboration européenne s'instaure. Et, en 1951, cinq camarades représentant quatre pays fondent le Nouvel Ordre Européen.

La « Déclaration de Zürich », alors publiée, va immédiatement à l'essentiel : « Les caractères de l'âme, de l'esprit, du corps, sont déterminés de façon prépondérante par l'hérédité. Cela signifie que, pour une Collectivité donnée, ils dépendent de la race. » Pour conclure : « Nous proclamons la nécessité d'un racisme européen visant aux buts suivants : a) les mariages entre Européens et non-Européens sont soumis à une réglementation ; b) des mesures médicalement et scientifiquement étudiées amélioreront les qualités héréditaires de nos peuples. » Et cette anticipation du péril jaune que le public commence à entrevoir vingt ans plus tard : « Le marxisme, idéologie asiatique, n'est pas autre chose que la philosophie de combat qui mène les hordes de l'Asie à une nouvelle attaque contre le monde blanc. » Ou encore une véritable déclaration de guerre : « Il n'est pas de défense nationale possible sous la direction de gouvernements qui dépendraient du capital international ou du stalinisme. (...) La défense nationale consiste en premier lieu à défendre le peuple contre un régime qui lui est étranger et qui est étranger à ses intérêts. »

Afin de définir les idées à diffuser tout en serrant l'actualité de près, le Nouvel Ordre Européen se réunit en moyenne tous les deux ans. Les « Déclarations » se succèdent : Paris, Hanovre, Lausanne, Milan ... En 1954, plusieurs membres sont expulsés de Belgique. En 1961, une réunion est interdite en Allemagne de l'Ouest. En 1962, le député communiste Muret attaque le Nouvel Ordre Européen devant le Grand Conseil du canton de Vaud (Suisse) et fait adopter un ordre du jour demandant « qu'à l'avenir les mesures nécessaires soient prises par les autorités cantonales, dans toute la mesure du possible, pour empêcher des réunions internationales d'éléments et d'organisations à caractère raciste et fasciste sur le territoire vaudois ». En application de cet ordre du jour, le gouvernement vaudois interdisait une réunion en 1965. Entre temps, et comme il fallait s'y attendre, les tribunaux « allemands » déboutaient le NOE de ses plaintes contre l'interdiction de 1961. Enfin, les antiracistes professionnels (Hallin-Delarue-Wiesenthal) suscitèrent diverses campagnes de presse d'injures et de calomnies.

Mais, le travail se poursuivant, le besoin se fit sentir d'une présentation condensée de la doctrine sociale-raciste. La commission culturelle du NOE chargea quelques camarades de rédiger ce texte ; ce fut le *Manifeste social-raciste*.

Remarque : Nous faisons précéder d'un astérisque les points du « *Manifeste* » faisant l'objet d'un commentaire dans la troisième partie.

PRÉFACE

✳ Dans un monde où tout est lutte, nul ne saurait se soustraire à ce choix : soutenir ou trahir la race à laquelle il appartient. Rêver d'un monde sans lutte équivaut à rêver d'une planète échappant à la gravitation.

✳ Pour chacun de nous, le sens de cette lutte dépend des valeurs liées à la structure même de notre âme. Et comme l'âme n'est autre chose que la race vue de l'intérieur, le combat prédestiné de l'individu, c'est le combat pour la race.

L'observation de la nature préserve aussi bien d'un optimisme infantile qui prétend réaliser le paradis sur terre que d'un pessimisme qui paralyse tout combat, alors que la lutte est une loi naturelle.

✳ La pire erreur politique et sociale est de croire et de faire croire, d'une part, que tous les hommes sont par nature raisonnables et bons, égaux et interchangeables, donc aptes à se gouverner eux-mêmes selon leur fantaisie, et d'autre part, de s'imaginer que l'éducation mène infailliblement tous les hommes à un état angélique et à l'harmonie mondiale.

✳ L'humanitarisme et le pacifisme sont des idéaux que seul un Vainqueur peut se permettre, et pour un temps limité, car toute Victoire accorde simplement un répit : elle débouche sur une lutte nouvelle. Oublier, manquer d'attention ou de vigilance, cela conduit au suicide.

Les hommes naissent et demeurent différents, inégaux en dignité, en possibilités comme en vertu, et assujettis aux servitudes naturelles. La hiérarchie des hommes est une évidence et une nécessité.

✳ Dans la vie primitive, l'instinct de conservation ne dépasse guère le souci que l'individu a de son moi. Dans la vie en communauté, cet instinct s'élargit : l'homme défend ses enfants, sa tribu. L'esprit de sacrifice apparaît. Puis la tribu elle-même est dépassée au profit d'associations plus étendues.

✳ Au cours de ce processus, ce sont les dispositions intérieures des races qui déterminent la façon dont les influences extérieures agissent sur elles. Ce qui réduit les unes à mourir de faim fortifie les autres pour de durs travaux.

L'erreur moderne par excellence est de croire à l'égalité des races. S'il est audacieux d'affirmer la supériorité de celle à laquelle on appartient, il est nécessaire de connaître exactement les différences interraciales, sous peine de ne rien comprendre à l'histoire et, par voie de conséquence, de succomber dans la lutte raciale.

✳ Les races elles-mêmes sont issues de la lutte. Elles se maintiennent par la lutte. Elles s'élèvent par la lutte.

À titre d'exemple, le fait racial est bien connu du peuple juif car il lui doit sa force. Ouvrons la Bible (*Esdras* 10/10,11) :

« Esdras, le prêtre, se leva et leur dit : Vous avez péché en vous alliant à des femmes étrangères, et vous avez rendu Israël encore plus coupable. Confessez maintenant votre faute à l'Éternel, le Dieu de vos pères, et faites sa volonté ! Séparez-vous des peuples du pays et des femmes étrangères. »

D'autre part. Disraeli déclare dans « *Endymion* » :

« Ni la langue, ni la religion ne font une race, une seule chose fait une race, et c'est le Sang. Les peuples ne conservent leur vigueur, leur moralité, leur aptitude aux grandes choses qu'à la condition de garder leur sang pur de tout mélange. S'ils laissent un sang étranger se mêler au leur, les vertus qui constituaient leur originalité et leur force disparaissent bientôt ; ils s'abâtardissent, dégénèrent, descendent de leur rang pour n'y plus remonter. La véritable puissance réside dans la noblesse de l'âme, et l'âme s'abaisse en même temps que le sang se corrompt. »

Dès lors, il est curieux que les antiracistes de toute couleur osent jamais le moindre reproche au racisme juif qu'ils feignent d'ignorer. Aussi nous permettra-t-on de ne les prendre au sérieux que le jour où ils auront comblé cette lacune de leur argumentation.

L'Amérique illustre d'une autre manière les enseignements du racisme.

L'instabilité et l'anarchie caractérisent des États tels que le Brésil, où le métissage a créé un chaos racial déjà fort avancé. En comparaison, les États-Unis où, jusqu'ici,[1] les Anglo-Saxons ont mieux respecté les lois biologiques, donnent une impression de stabilité et de dynamisme. Mais précisément aux États-Unis, une sans précédent attaque les valeurs raciales au nom du mythe de l'égalité. On tire tout dans la boue en voulant tout niveler, car seule l'inégalité permet l'ascension biologique. Et nous pouvons prédire à coup sûr que, si l'intégration des Nègres est réalisée, les États-Unis rejoindront le Brésil sur la voie du chaos racial.

Notre racisme est sans haine. Il n'attaque pas. Il respecte toutes les races. Il voit dans leur émulation pacifique le principal de leur ascension.

La défense de la race est aussi la clef du véritable socialisme : le social-racisme.

Nombreux sont les précurseurs, et nombreux leurs ouvrages. Il manque un bref exposé des résultats acquis jusqu'à ce jour.

Le voici.

RACE ET ETHNIE

1. Que veut dire « race » ?

L'usage a consacré de nombreuses significations. Ainsi, un dictionnaire connu déclare que la race est une réunion d'individus tenant à la même espèce, ayant une origine commune et des tares semblables, transmissibles par voie de génération ; la race reposerait sur le fait physique de la descendance ; un sujet de pure race serait celui qui descend directement, sans croisement, de la souche de la race elle-même ; on parle de race dans le sens de bonne race, non altérée par des croisements.

Par race, le savant désigne en général un groupe d'hommes semblables par leurs caractères héréditaires physiques ou, comme on dit, somatiques. Certains auteurs, a bon droit, y ajoutent les caractères psychiques, puisque les recherches sur les jumeaux ont démontre l'importance

---

[1] — Ecrit en 1965.

de l'hérédité psychique.

✳ *2. Que veut dire « ethnie » ?*

L'usage entend par ethnie un groupement naturel d'individus qui présente, indépendamment des structures héréditaires individuelles, une unité linguistique et culturelle. D'ores et déjà il est clair que les ethnies peuvent se composer de plusieurs races. Ethnie désigne le substrat héréditaire, dans sa plus ou moins grande diversité, d'une communauté culturelle. Ainsi, l'ethnie française.

✳ *3. Pourquoi le grand public ne fait-il point de différence entre race et ethnie ?*

Comme cette question lui a été systématiquement cachée, il ne connaît que les grand-races ; il parlera de Blancs, de Noirs et de Jaunes sans s'arrêter à leur diversité.

✳ *4. L'ethnie relève-t-elle aussi de la race ?*

Certainement. L'ethnie est l'aspect racial d'une communauté concrète, culturelle, politique ou linguistique. Si presque tous les peuples comportent des mélanges de types raciaux différents, ces types n'en existent pas moins. Ce sont eux qui impriment certaines tendances à l'âme comme certaines formes au corps. Aussi le fait racial est-il décisif dans une ethnie, puisqu'il en déterminé les tendances dominantes et sous-jacentes ainsi que la plus ou moins grande unité.

✳ *5. Qu'est-ce que la nation ?*

La nation est une ethnie politiquement organisée. Les frontières nationales jouent généralement et dans une mesure appréciable le rôle d'une frontière du sang. Aussi les nations historiques représentent-elles des races en voie de formation, dans les premiers stades, il est vrai.

✳ *6. Qu'est-ce que le peuple ?*

Le peuple est un groupement organique de manie origine biologique et de cultures parentes. Une horde hétéroclite et hétérogène de naturalisés et de nomades n'est pas un peuple.

RAISON D'ÊTRE DU RACISME

✳ *7. Quelles sont les conditions nécessaires au maintien des races ?*

Il faut d'abord éviter le mélange de sangs trop différents. Sinon, c'est le chaos racial, qui fait disparaître les types caractérisé. Ensuite, il faut supprimer les multiples causes qui font dégénérer même les races les plus pures.

Les races ne trouvent ni partout ni toujours les conditions nécessaires à leur formation et à leur maintien. Si ces conditions manquent ou qu'elles se relâchent, les types disparaissent. Les variations individuelles prolifèrent, trahissant l'afflux désordonné des sangs. On y trouvera certes, à titre exceptionnel, des personnalités brillantes. Mais l'individu courant sera le bâtard instable et anarchique. Le manque d'unité de son sang a pour conséquence le désaccord des volontés et des énergies vitales. Individuellement faible, il affaiblit par sa présence le peuple ou il se trouve, et le dur mécanisme de sélection des peuples peut faire disparaître le peuple tout entier.

Seule l'unité du sang donne à l'individu la force nécessaire à la lutte biologique. Défendre la race, c'est aussi défendre la force des peuples.

En tant qu'aspect du facteur biologique, le fait de conscience et de volonté peut jouer un rôle. Une politique biologique adéquate peut arracher un peuple au chaos racial et réamorcer l'ascension.

✳ *8. Ce « chaos racial » ne peut-il être un bien ?*

Non. Loin de réaliser l'égalité héréditaire dont rêvent certains utopistes ignorants, le chaos racial, en vertu des lois de Mendel, augmente la variabilité individuelle. On aboutit à des sociétés anarchiques en proie à des convulsions révolutionnaires chroniques. Les inévitables catastrophes politiques obligent alors les individus se grouper selon leurs affinités, donc à fonder des races nouvelles.

Ainsi, l'antiracisme, si on le laisse faire, ne peut que remplacer d'anciennes races par de nouvelles.

Alors que, dans les moments critiques, l'homme de race prend des décisions cohérentes, le sang-mêlé souvent s'affole ou s'en tient à des demi-mesures. Il succombera plus vite. La nature d'ailleurs limite dans certains cas sa reproduction et frappe des couches entières de stérilité.

✳ *9. Pourquoi les racistes sont-ils opposés à cette perspective ?*

Parce qu'ils estiment judicieux de faire l'économie des catastrophes. Les types raciaux actuels, résultat de nombreux millénaires, représentent une bien meilleure base pour l'ascension raciale qu'un nouveau départ à zéro dans le chaos racial. Le raciste reconnaît la diversité des races et s'incline devant le principe aristocratique de la nature. Il approuve la compétition biologique qui doit assurer la victoire finale des plus doués. Il sait que toutes les conceptions de beauté et de noblesse sont liées à l'existence de l'Aryen ; lui disparu, les voiles sombres d'une époque de barbarie recouvriraient la terre. Favoriser le chaos racial est un crime ; s'y opposer est l'acte le plus humanitaire que l'on puisse accomplir.

✳ *10. Tous les croisements raciaux soit-ils mauvais ?*

Non. La grand-race blanche doit essentiellement sa valeur aux familles arianes dont nous parle l'histoire : Celtes, Gréco-Romains, Germains et Slaves[1]. Ces Aryens renforcent leurs vertus à se croiser entre eux, mais ils perdent leur être en se croisant avec d'autres.

11. De quoi dépend le destin d'une société ?

Tout d'abord du sang. Les types raciaux existent malgré leur mélange au sein des peuples. On sait que, pour les éleveurs, une race pure est un produit de la sélection. Pour l'homme, l'histoire remplace l'éleveur. Il est donc vital pour une société de défendre son intégrité raciale et de réaliser des conditions historique de sélection positive.

✳ *12 Le racisme est-il un mal ou un déshonneur ?*

Un dictionnaire définit le racisme comme la théorie de qui tend à préserver l'unité de la race dans une nation. Il est bien naturel que les différents hommes prennent conscience de leur race, de leurs traditions. Les idéaux des Blancs, des Jaunes et des Noirs sont inaccessibles d'une grand-race à l'autre. Dans tous les sens du mot, nous n'avons pas le crâne fait de même. Pourquoi nier cette évidence ? Pourquoi s'opposer à une doctrine qui peut éviter la catastrophe ?

---

1 — Ces concepts historico-linguistiques offrent seulement une valeur d'approximation. Il en va de même du point 34.

13. Une prise de conscience de la race blanche est-elle opportune ?

Elle est nécessaire. Une marée de couleur menace de submerger le noyau de l'humanité blanche. La différence de natalité, due à la décadence ploutocratique, aggrave la menace chaque jour. Si les choses vont leur train, à la fin du siècle les Blancs se trouveront à un contre cinq en face des peuples de couleur, leur supériorité technique ne parviendra plus à compenser le nombre et ils disparaîtront.

14. Le racisme ne signifie-t-il pas haine et mépris pour les autres races ?

Pas le moins du monde. S'il est normal d'avoir de la sympathie pour les Noirs qui sont noirs et les Jaunes qui sont jaunes, il est tout de même permis de préférer les Blancs qui veulent rester blancs. Si l'on honore l'élément aryen, cela ne signifie pas qu'on méprise les autres races. Bien au contraire, cela tend à prouver qu'on les estime. Puisque les races sont le fondement des peuples, le respect qu'on leur porte exige aussi le respect de leurs formes diverses.

15. Pourquoi la communauté du sang prime-t-elle le reste ?

Parce qu'elle se fonde sur les lois éternelles de la vie. Le sang est le phénomène primordial. Bien avant les États historiques, des groupes humains peuplaient la terre. Ils étaient liés par le sang. Le racisme ne repose donc pas sur des données fragiles ou éphémères qui sont l'œuvre de l'arbitraire et qui peuvent être changées. La race s'inscrit parmi les principes formant la structure de l'espèce.

16. Quel est le rôle de l'État et quel est le but de la race ?

Le but suprême de l'État, c'est de former une race plus pure et plus forte. Les prétendus États qui ne poursuivent pas ce but sont des organismes défectueux et incomplets. Leurs succès éphémères dans d'autres domaines ne sauraient les justifier.
Le but suprême de la race, c'est de créer à son tour une civilisation plus haute.
L'État est l'arme de la race.

17. Pourquoi le social-racisme favorisera-t-il mieux que tout autre système le développement culturel ?

Parce que seule la parenté psychique au sein de la communauté raciale permet aux artistes créateurs l'épanouissement de leur personnalité et met leur œuvre à la portée du peuple. La grandeur des élites aryennes consiste dans leur aptitude à servir la communauté. Cet esprit de sacrifice sera renforcé par le social-racisme et il fera naître ces grandes œuvres dont les auteurs sont rarement récompensés mais où de nombreuses générations puisent des biens abondants.

✳ *18. Les théologiens peuvent-ils s'opposer au racisme ?*

Non, car la décadence de la race entraînerait du même coup la décadence des religions.
D'autre part, l'égalité surnaturelle des âmes devant Dieu ne doit pas faire oublier les inégalités naturelles voulues, comme les théologiens le disent eux-mêmes, par le Créateur.
Le pape Pie XI lui-même reconnaît la légitimité du racisme, lorsqu'il dit : « Nul ne songe, certes, à barrer la route qui doit conduire la jeunesse allemande à la constitution d'une vraie communauté ethnique, dans le noble amour de la liberté, l'inviolable fidélité à la patrie. »

GRAND-RACE, RACE-TYPE ET COMMUNAUTÉ RACIALE

19. *Quels sens principaux retiendrons-nous du mot « race » ?*
Trois sens : la grand-race, la race-type et la communauté raciale.

20. *Qu'est-ce que la grand-race ?*
La grand-race est un ensemble d'hommes ayant en commun le minimum de qualités héréditaires établissant les premières grandes subdivisions au sein de l'espèce humaine.

21. *Qu'est-ce que la race-type ?*
La race-type est un ensemble d'hommes ayant en commun avec un type défini un plus grand nombre du qualités héréditaires qu'avec les autres types du système de classification.

22. *Qu'est-ce que la communauté raciale ?*
La communauté raciale est un ensemble d'hommes qui, par leurs qualités héréditaires, se ressemblent assez pour se trouver engagés dans une même destinée, dans un même combat ; de ce fait, ils doivent s'unir politiquement.

23. *Quelles sont les principales grand-races du monde ?*
Ce sont les races blanche, jaune et noire.

24. *Est-il vrai que les principales civilisations soient l'œuvre de la race blanche ?*
Oui, mais la race blanche est aussi celle qui comporte le déchet biologique le plus important.

25. *Est-il vrai que la race jaune n'ait aucun génie créateur et se borne à copier les inventions des Blancs ?*
C'est là une dangereuse erreur. Il suffit de se rappeler que les Chinois ont inventé les premiers la poudre et le papier pour reconnaître leur génie propre qui, si les Blancs continuent sur le chemin de la décadence, conduira à de terribles surprises.

26. *Est-il vrai que la race noire soit incapable de se gouverner ?*
La race noire n'a aucun talent pour la civilisation urbaine et technique. Elle est faite pour la culture et l'élevage en climat équatorial et peut parfaitement se gouverner dans le cadre de la tribu ou même de la confédération de tribus.

27. *Quelles sont les principales races-types d'Europe ?*
Ce sont les races nordique, alpine, baltique orientale, sud-occidentale et dinarique[1].

28. *À quoi les reconnaît-on ?*
En voici les principaux caractères physiques :
— Race nordique : dolichocéphale blonde ; environ 10% de sang B. — Race alpine : brachycéphale brune ; 6 à 7% de sang B.
— Race baltique orientale : brachycéphale blonde, nez petit, pommettes saillantes ; environ 20% de sang B.
— Race sud-occidentale : dolichocéphale brune ; moins de 5% de sang B.
— Race dinarique : brachycéphale brune, forme typique du crâne dont l'arrière semble coupé à la hache ; environ 15% de sang B.

29. *Quelles sont leurs qualités maîtresses ?*
— Race nordique : esprit d'entreprise.

---
1 — Selon von Eickstedt, Ginther et Lahovary.

— Race alpine : travailleuse et modeste dans ses besoins.
— Race baltique orientale : ténacité.
— Race sud-occidentale : attachement à la terre, dons pour les arts plastiques.
— Race dinarique : esprit d'indépendance, impulsive.

30. Quelle est notre communauté raciale ?

La race que nous devons défendre comprend les cinq principaux types d'Europe ainsi qu'un certain nombre de types secondaires, tout aussi caractérisés mais aux effectifs beaucoup plus faibles. Cette communauté raciale constitue le noyau de la grand-race blanche. Nous l'appellerons race aryenne.

31. Quel a été le rôle de l'Aryen ?

Il y a trois espèces d'humanité : celle qui crée la civilisation, celle qui la conserve et celle qui la détruit.

L'Aryen appartient à la première. Souvent, il a soumis d'autres peuples, développant chez ceux-ci des facultés qui sommeillaient. L'existence de ces sujets permit de créer de brillantes civilisations en fournissant les ressources matérielles nécessaires. En les contraignant à une activité utile, l'Aryen n'épargna pas seulement leur vie, mais leur fit un sort plus enviable qu'au temps de leur liberté première. Tant qu'il maintint avec rigueur sa situation de maître, il conserva et développa ces civilisations. Au moment où les sujets s'assimilèrent, la barrière disparut, l'Aryen renonça à la pureté de son sang, s'avilit et perdit ses facultés civilisatrices.

32. La communauté raciale comprend-elle tous les individus des races-types qui la composent ?

Non. Chaque race-type comprend un certain nombre de dégénérés jouant le rôle de parasites : le déchet biologique. Le déchet biologique ne fait pas partie de la communauté raciale, il en est l'adversaire le plus dangereux. Le déchet biologique se subdivise en deux parties : l'écume et la lie. L'écume comprend les dégénérés pourvus d'une haute intelligence parmi lesquels se recrutent les technocrates ploutocratiques ou communistes. Chez eux, l'intelligence constructive fait place à la ruse destructrice. La lie comprend les dégénérés moins doués constituant les asociaux et les criminels.

33. Qui doit diriger la communauté raciale ?

La véritable et nécessaire élite doit émaner du peuple et conduire la communauté raciale sur le chemin de l'ascension. Elle ne saurait en aucun cas se recruter d'après les seuls diplômes scolaires ou la situation sociale des parents, selon l'ancien système chinois ou l'actuel système démoploutocratique. Infiniment plus importantes sont la lucidité dans les décisions pratiques, l'énergie, le caractère et surtout la haute conscience des véritables besoins du peuple.

34. Quelle partie de la race blanche se trouve hors de la communauté raciale ?

Les ethnies qui, par métissage avec les races jaune ou noire, ou par évolution divergente, se sont séparées du noyau de la race blanche. Par exemple, les peuples sémites et turco-tartares.

35. Ces ethnies sont-elles alliées ou adversaires de notre race ?

Lorsqu'elles sont dirigées par leur élite biologique, elles sont les alliées naturelles de notre race. Cette élite défendra sa communauté raciale en la menant sur le chemin légitime de l'ascension biologique. Elle trouvera notre aide, car nous avons intérêt à voir notre communauté préservée par ces ethnies blanches du contact direct avec les peuples de couleur.

En revanche, lorsque ces ethnies sont dirigées par leur déchet biologique, ce dernier, incapable d'assurer l'ascension, ne verra de salut que dans la ruine de la communauté aryenne.

✵ *36. Comment ces forces luttent-elles contre la communauté aryenne ?*

De deux manières : d'une part, en faisant alliance avec le déchet biologique de nos races-types, notamment avec les intellectuels ramollis, agents de l'impérialisme mondialiste ; d'autre part, en faisant alliance avec les forces de couleur contre la race aryenne.
Et cela notamment par l'abêtissement des esprits, la dévirilisation des hommes, la masculinisation des femmes, par le confort décadent, l'alcoolisme, la dissolution des mœurs et par le plan de mélange des races visant à affaiblir les Aryens par le mélange avec les peuples de couleur, principalement avec les Nègres.

✵ *37. Ce plan peut-il réussir ?*

Non, car la destruction de la race aryenne entraînerait à brève échéance celle des ethnies blanches non aryennes, trop faibles devant le monde de couleur.

✵ *38. En quoi consiste le problème juif ?*

Dans le fait que l'ethnie juive, dirigée depuis longtemps par son déchet biologique, est utilisée comme un instrument de politique antiaryenne.

✵ *39. Comment se fait-il que le peuple juif soit contrôlé par son déchet biologique ?*

Le début de ce phénomène se perd dans la nuit des temps. En revanche, nous savons ce qui le maintient : la vie de diaspora sélectionne le parasitisme. Les individus les plus parasites se hissent au haut de l'échelle sociale, tandis que l'élite biologique se trouve rejetée aux échelons inférieurs. De ce fait, l'antisélection exercée par le régime capitaliste est encore aggravée par les conditions de vie particulières au peuple juif.

✵ *40. Quelle est la solution du problème juif ?*

Le remplacement, aux leviers de commande, du déchet biologique par l'élite biologique juive. Cette révolution sera facilitée par toutes les mesures propres à supprimer le parasitisme des dirigeants juifs actuels. En voici les principales :
— aide à l'élite biologique juive dans sa lutte contre le déchet ;
— nationalité juive pour les Juifs vivant dans l'aire aryenne ;
— création de territoires dont les Juifs disposeraient en toute souveraineté, comme parties de leur État.

✵ *41. Ces mesures sont-elles « antisémites » ?*

Au contraire, elles sont dans l'intérêt supérieur du peuple juif qui, comme toute ethnie, a un intérêt légitime à pouvoir se consacrer à cultiver ses qualités plutôt qu'à corrompre celles des autres.

JUSTICE SOCIALE

✵ *42. Qu'est-ce que la justice sociale ?*

La justice sociale est l'ordre permettant à chacun de mettre pleinement ses capacités au service de la communauté raciale. Elle implique un renouvellement des élites selon les capacités et non en fonction de situations acquises.

✵ *43 Faut-il maintenir la propriété privée ?*

À condition qu'elle reste à la mesure individuelle et qu'elle soit légitimement acquise, elle est une condition indispensable l'existence d'une société d'hommes libres, car elle est le prolongement naturel de la personnalité.

44. À quoi reconnaît-on le socialisme décadent ?

Au fait qu'il déclare viser au bonheur individuel et qu'il conçoit ce bonheur comme résidant avant tout dans la jouissance des biens matériels. Ce faisant, il fortifie l'égoïsme et la bestialité.

45. À quoi reconnaît-on une doctrine sociale positive ?

Au fait qu'elle déclare viser à l'ascension biologique de la race et que, pour elle, les droits de l'individu sont uniquement des moyens d'accomplir un devoir.

✳ *46. Qu'est-ce que le communisme ?*

Le communisme est un système socialiste décadent qui, s'appuyant sur les instincts bestiaux, sélectionne les technocrates et en augmente le nombre.

✳ *47. Qu'est-ce que les technocrates ?*

Les technocrates sont la partie du déchet biologique qui, par suite de dégénérescence morale et en abusant de la propriété étatique, étend son pouvoir aux dépens de la communauté.

48. Quelle est la grande erreur du communisme ?

C'est d'avoir cru que l'économie représentait le moteur de l'histoire. Or, le moteur, c'est l'homme lui-même. Car l'histoire avance selon l'impulsion qu'il lui donne. Et cette impulsion est d'autant plus forte que le niveau biologique est élevé. Sitôt l'homme réintégré dans la nature, la lutte des classes disparaît. Reste la lutte des races qui différencient les espèces en communautés aux prises pour les moyens de survie. L'histoire enseigne que certaines races prospèrent, que d'autres végètent et enfin que d'autres disparaissent.

49. Quels sont les points forts du communisme ?

— L'appel aux seuls besoins primitifs de l'homme.
— La promesse du paradis sur terre ; plus de souci pour trouver du travail et de quoi vivre (élimination du risque capitaliste).
— Plus d'exploitation du faible par le fort.
— Une doctrine très complète, s'étendant à presque tous les domaines scientifiques.
— La certitude que les buts du communisme seront atteints de façon inéluctable.

50. Quels sont nos points forts ?

— Un ordre faisant passer l'épanouissement de la société avant les besoins primitifs.
— Au lieu d'un trompeur pays de Cocagne, un ordre social réservant à chacun les tâches qu'il peut accomplir avec profit pour lui et pour la communauté et lui offrant la juste contrepartie de ses prestations.
— Une doctrine sans dogmatisme jacobin ni hantise de l'économique, tenant compte de la nature humaine selon les données scientifiques les plus récentes.
— La certitude que le déterminisme naturel dans l'histoire humaine se réalise seulement à travers la volonté et l'action de l'homme, jamais sans eux.
— Une répartition des biens et des droits disponibles correspondant aux charges et aux devoirs que l'individu est prêt à assumer.

51. Le communisme a-t-il un caractère religieux ?

Le communisme est une religion séculière. Comme telle, il possède ses dogmes, sa révélation, son domaine sacré, son clergé. Il est universaliste et veut convertir (secte conquérante). La religion marxiste missionnaire est au service du super-État soviétique ou chinois, lequel lui apporte les moyens et la base d'attaque. Le chef spirituel de la religion marxiste est en même temps le chef du super-État soviétique ou chinois.

52. *Qu'est-ce que le marxisme ?*

Le marxisme était la variante du communisme par laquelle des forces juives ont tenté de mettre le socialisme au service de leur plan d'hégémonie mondiale. Aujourd'hui, il sert de « philosophie » aux divers communismes.

53. *Qu'a été le stalinisme ?*

Le stalinisme était la variante du communisme par laquelle des forces à demi asiatiques ont tenté de mettre le socialisme au service de leur plan d'hégémonie mondiale. Aujourd'hui, stalinisme est un terme de camouflage pour maoïsme.

54. *Qu'est-ce que le maoïsme ?*

Le maoïsme est la variante du communisme par laquelle la race jaune entend utiliser le socialisme pour masquer son combat contre les autres races.

✳ 55. *Qu'est-ce que le capitalisme ?*

Le capitalisme est un système qui, s'appuyant sur les instincts égoïstes, sélectionne le ploutocrate et en augmente le nombre, pour aboutir à l'anarchie légalisée »[1].

✳ 56. *Qu'est-ce que les ploutocrates ?*

Les ploutocrates sont la partie du déchet biologique qui, par suite de dégénérescence morale et en abusant de la propriété privée, étend son pouvoir aux dépens de la communauté.

57. *Quel est l'aspect le plus négatif du capitalisme ?*

Le machinisme, c'est-à-dire le développement des machines du seul point de vue de la productivité, sans aucun égard pour les conditions de travail ou d'hygiène, résultat d'un développement aberrant et désordonné de la technique. La standardisation et l'automatisation mal comprises font de l'homme un robot, esclave de la machine qui devrait être à son service. Le mythe de la perfection de la machine, pourvoyeuse de tous les bonheurs, conduit à une véritable asphyxie mentale, à la fin de toute culture véritable et à l'augmentation de la lie biologique.

✳ 58. *Qu'est-ce que le parlementarisme ?*

Le parlementarisme est le système où les ploutocrates, par les élections trompe-l'œil, font envoyer leurs représentants dans les parlements.

✳ 59. *Qu'est-ce que la démocratie ?*

Démocratie est d'ordinaire le terme par lequel capitalisme et communisme prétendent représenter le peuple.

RÉVOLUTION EUROPÉENNE

60. *Qu'est-ce que la révolution européenne ?*

C'est la première étape de la révolution sociale-raciste qui doit porter au pouvoir l'élite biologique aryenne sur toute son aire raciale.

61. *La révolution européenne se fera-t-elle par la violence ou par les voies légales ?*

La révolution européenne se fera légalement partout où les régimes actuels respecteront les lois. Ainsi, dans les démocraties parlementaires, la révolution européenne consistera d'abord

---

1 — Il s'agit ici du capitalisme financier ou vagabond, improductif et apatride, et non du capitalisme au sens technique : industriel, artisanal, agricole, indispensable à toute société.

à amener le peuple, en l'instruisant de ses intérêts véritables, à élire dans les parlements des hommes qui jetteront les bases légales de la révolution.

62. *Que se passera-t-il si les régimes actuels s'opposent par la violence aux actions légales en faveur de la révolution européenne ?*

Les forces positives seront alors en droit de répondre à la violence contre-révolutionnaire par la violence révolutionnaire.

63. *La révolution européenne peut-elle recourir la première à la violence ?*

En aucun cas. Ce serait s'aliéner les très nombreuses forces positives qui défendent, non les régimes établis, mais l'ordre légal en tant que garantie de survie de nos peuples. Au contraire, la révolution européenne doit s'assurer leur appui décisif en leur prouvant que les régimes établis violent systématiquement l'ordre légal dont ils se réclament.

64. *Faut-il redouter la violence contre-révolutionnaire des régimes établis ?*

Pas le moins du monde, car elle accélérerait l'intervention des forces légalistes aux côtés des forces révolutionnaires initiales.

✳ 65. *Pourquoi la révolution européenne constitue-t-elle la première étape ?*

Parce que l'Europe représente le noyau principal et le plus pur de la race blanche, par conséquent celui qui doit fournir le plus de forces révolutionnaires. Aussi les communautés aryennes extra-européennes ont-elles intérêt à appuyer, par priorité, la révolution sociale-raciste en Europe, de façon à bénéficier de l'aide puissante du bloc européen.

66. *Quel idéal la révolution européenne propose-t-elle ?*

Alors que la société ploutocratique n'offre plus aucun idéal, puisqu'elle doute de tous ceux qu'elle avait proclamés jusqu'ici, c'est l'exemple donné par l'élite nouvelle qui constituera l'idéal proposé à la jeunesse : goût de l'action, esprit de camaraderie, entraînement à vivre durement et à regarder la mort en face, sens de l'honneur, de la discipline, de la persévérance.

67. *Quel est le premier but politique de la révolution européenne ?*

La destruction radicale de Yalta, système qui a consacré le règne du mensonge, de la honte, de la lâcheté et de la tyrannie, et son remplacement par la confédération européenne, ainsi que la révocation solennelle des procès de basse vengeance comme ceux de Nuremberg et de Landsberg.

UNITÉ EUROPÉENNE ET POLITIQUE BIOLOGIQUE

68. *Quelle sera la structure étatique de l'Europe ?*

Si les conditions de la révolution européenne ressemblent à celles d'aujourd'hui, ce sera une confédération d'États, de manière à respecter au maximum les traditions des diverses ethnies. Cependant, il est clair que des conditions extraordinaires peuvent imposer des solutions extraordinaires. De toute façon, des mesures suffisantes devront garantir l'intégrité des petites ethnies, trop souvent brimées au cours de l'histoire, et assurer le libre usage de leur langue comme leur indépendance culturelle.

69. Quel sera le premier devoir de l'Europe ?

Le premier devoir de l'Europe sera d'aider partout dans le monde la communauté aryenne dans sa lutte pour la défense et l'ascension de la race, notamment dans l'accomplissement de la révolution sociale-raciste hors d'Europe.

L'État raciste devra mettre la race au centre de la vie de la communauté, proclamer que l'enfant est le bien le plus précieux, que seul l'individu sain doit engendrer, mais qu'il commet une faute en refusant d'engendrer. L'État raciste assurera une vie décente aux familles nombreuses.

70. Les communautés aryennes extra-européennes pourront-elles se rattacher politiquement à l'Europe ?

Certainement. Et cela dès qu'elles auront réalisé sur leur territoire des conditions comparables à celles régnant en Europe. Dans certains cas, ce délai sera bref. Dans d'autres, notamment s'il faut opérer une délicate ségrégation, le délai pourra s'étendre sur une ou plusieurs générations.

✳ 71. Qu'adviendra-t-il des minorités non aryennes en Europe ?

Les ressortissants de couleur seront reconduits dans des territoires de l'aire raciale jaune ou noire, à l'exception des cas prévus par le statut des étrangers. Les ethnies non aryennes de race blanche pourront rester à titre de peuples-hôtes.

72. Qui aura la citoyenneté européenne ?

Tout Aryen ressortissant d'un territoire européen d'Europe ou même d'outre-mer.

73. Quel sera le statut des peuples-hâtes ?

Les peuples-hôtes auront le statut d'étrangers. Toutefois, le droit de résidence leur sera assuré et ils jouiront de larges autonomies leur permettant de vivre selon leurs traditions. Ils ne feront point de service militaire.

✳ 74. Qu'est-ce que la politique biologique ?

C'est l'ensemble des mesures tendant à défendra la race et à en assurer l'ascension. Ces mesures forment trois groupes : la frontière du sang ; le sélection directe ; la sélection indirecte.

75. En quoi consiste la frontière du sang ?

Les mariages entre citoyens européens et non européens seront soumis à réglementation.

✳ 76. Qu'advient-il des mariages mixtes déjà existants ?

S'il s'agit d'un mariage avec un ressortissant de couleur, le partenaire aryen à la faculté de suivre le conjoint de couleur dans son rapatriement. S'il s'agit d'un mariage avec un ressortissant d'un peuple-hôte, l'union subsiste, et les enfants de père aryen obtiennent la citoyenneté européenne, à moins qu'ils n'optent pour l'appartenance au peuple-hôte.

✳ 77. Qu'est-ce que la sélection directe ?

La limitation du droit au mariage, droit qui sera accordé aux individus possédant un minimum de qualités physiques et morales.

78. Ne s'agit-il point là d'une atteinte intolérable aux droits individuels ?

Non, car cette limitation ne touche que les cas graves. Aujourd'hui déjà, certaines législations stipulent des incapacités de mariage, ainsi l'article 97 du code civil suisse en cas de maladies mentales. Il s'agit donc, non d'une atteinte nouvelle, mais de la *simple extension de cette incapacité à tous les cas de même gravité.

✱ 79. *Qu'est-ce que la sélection indirecte ?*

C'est celle qu'exercera le nouvel ordre social en favorisant les éléments de valeur. Cette sélection sera de loin plus importante que la directe, forcément limitée aux cas les plus graves.

80. *La politique biologique constitue-t-elle une menace pour la paix et pour l'entente entre les peuples ?*

Au contraire, la politique biologique permet à une communauté de progresser par ses propres forces, sans chercher le salut dans l'abaissement ou dans la conquête des autres. Elle est la base de relations pacifiques entre les diverses races.

LES DÉVIATIONS CLASSIQUES

81. *Quelles sont les principales déviations possibles de la révolution européenne ?*

Ce sont les déviations : gauchisante — réactionnaire — négativiste — sectariste — opportuniste — partialitaire — typiste — extensionniste — divisionniste — ethniste — nationalitariste.

82. *Qu'est-ce que la déviation gauchisante ?*

C'est celle qui, négligeant l'existence de l'important déchet biologique au sein de nos peuples, réclame des droits égaux pour l'ensemble de la population et, par là, tend à fournir au déchet biologique les moyens de saboter la révolution européenne. Au contraire, les droits d'un individu doivent dépendre des services qu'il sait rendre à la communauté.

✱ 83. *Qu'est-ce que la déviation réactionnaire ?*

C'est celle qui, tout en défendant avec raison le droit de propriété, se refuse à le limiter pour en empêcher les abus et, par là, prépare le chemin à une néoploutocratie. Au contraire, les modalités du droit de propriété doivent en faire un instrument au service de la communauté.

84. *Qu'est-ce que la déviation négativiste ?*

C'est celle qui proclame la lutte inconditionnelle contre tel ou tel de nos adversaires, croyant que la défaite de celui-ci résoudrait tous les problèmes et se désintéressant pour cette raison de toutes les mesures positives tendant à l'ascension de la communauté. Cette déviation ignore que, si tel adversaire est devenu dangereux, c'est avant tout par la faiblesse de la communauté, dont le renforcement est la meilleure politique à longue échéance. D'autre part, cette déviation oublie qu'il faut toujours laisser à l'adversaire une possibilité de faire la paix.

85. *Qu'est-ce que la déviation sectariste ?*

C'est celle qui, outre les buts politiques justifiés, exige des militants des adhésions d'ordre métaphysique ou religieux et qui, de ce fait, se prive du concours de forces ayant d'autres convictions religieuses ou métaphysiques.

86. *Qu'est-ce que la déviation opportuniste ?*

C'est celle qui, voyant dans la révolution européenne avant tout un changement d'équipe, considérera le programme comme un moyen de recrutement à modifier selon son rendement. Elle sera la plus dangereuse au moment où elle ralliera les positions sociales-racistes.

87. *Qu'est-ce que la déviation partialitaire ?*

C'est celle qui, préconisant quelques mesures en elles-mêmes valables, attend de celles-ci la solution de tous les problèmes. Elle rejettera comme inutiles des mesures nécessaires et, si on la laisse agir, fera échouer la révolution.

✱ 88. *Qu'est-ce que la déviation typiste ?*

C'est celle qui veut restreindre la communauté raciale à l'une des races-types d'Europe et qui, ainsi, tend non seulement au suicide de tous les peuples européens, mais aussi de la race type qu'elle prétend défendre et qui est trop faible pour affronter les blocs mondiaux actuels.

89. *Qu'est-ce que la déviation extensionniste ?*

C'est celle qui veut étendre la communauté raciale à la grand-race blanche tout entière. Voulant ignorer les rameaux aberrants ou infiltrés de cette grand-race, elle tend à dissoudre le noyau aryen et à introduire du sang de couleur.

90. *Qu'est-ce que la déviation divisionniste ?*

C'est celle qui, par ambition personnelle, repousse la collaboration avec des forces présentant le même programme.

✱ 91. *Qu'est-ce que la déviation ethniste ?*

C'est celle qui, tenant l'ethnie pour le fait fondamental, entend constituer les ethnies européennes en États souverains en redécoupant presque tous les États actuels.

✱ 92. *Qu'est-ce que la déviation nationalitariste ?*

C'est celle qui, refusant toute cession de souveraineté à l'Europe, nous priverait de notre principal instrument politique de défense. Aujourd'hui et demain, en vertu de la loi de concentration, le regroupement des hommes en vue de leur salut ne peut se faire que dans des communautés beaucoup plus larges et solides que les nations historiques.

La commission idéologique du Nouvel Ordre Européen a examiné le texte de ce « *Manifeste social-raciste* » et elle en recommande la diffusion.

© *Copyright : Courrier du Continent, Case Ville 2428, Lausanne, Suisse.*

TROISIÈME PARTIE

COMMENTAIRES DU MANIFESTE SOCIAL-RACISTE

La préface

• Premier alinéa (*De la lutte pour la vie*)

Dans la société dite d'abondance ou de consommation qui caractérise la période d'après la deuxième guerre mondiale, et où les populations du monde prétendu libre et développé font toujours plus figure de porcs devant une auge bien pleine, beaucoup n'aperçoivent pas en quoi consiste cette lutte, loi de la vie. En effet, comme nos pourceaux ont précisément abdiqué tout esprit de combat en échange de leur mangeoire, la lutte naturelle n'apparaît guère chez eux.

On néglige simplement qu'il est toujours possible de renoncer à se battre et d'accepter une défaite aboutissant tôt ou tard à la disparition de sa lignée. En réalité, dès qu'une espèce n'a plus d'adversaire extérieur, un adversaire intérieur surgit, invisible et d'autant plus redoutable. Sitôt la sélection naturelle interrompue, les mutations génétiques défavorables — forcément plus nombreuses que les favorables — suscitent les dégénérés qui, à la longue, constituent l'important déchet biologique de nos sociétés « civilisées ».

Ce processus se trahit d'abord par l'hédonisme. Dès l'instant où la dégénérescence a suffisamment érodé la volonté de devenir plus fort, celle-ci s'efface devant le désir de jouir. En cela, d'ailleurs, consiste la décadence, qui débute à peu près avec notre histoire connue, comme le montre une étude attentive.

Ce diagnostic, si sombre qu'il puisse sembler au premier regard, est la condition même de toute thérapie efficace. Le poser importe d'autant plus que de nombreux racistes sous-estiment la dégénérescence et, par suite, les effectifs du déchet biologique.

C'est entre le déchet et l'élite biologique, dans les sociétés hautement « civilisées », que se déroule la lutte naturelle dont dépend le déclin ou l'ascension.

• Deuxième alinéa (*Lutter pour la race*)

Cet impératif repose d'une part sur la volonté de combattre d'une élite biologique, d'autre part sur les lois de l'hérédité, lesquelles ne se limitent pas au corps comme bien des antiracistes voudraient le faire croire mais s'étendent à l'âme, ce qu'établit notamment l'étude des jumeaux univitellins. À l'instar des structures physiques héréditaires, observables, il existe des structures psychiques héréditaires, invisibles du dehors en l'absence de corrélation connue. De l'intérieur, en revanche, chacun les décèle dans son âme propre.

• Quatrième alinéa (*L'« erreur de l'égalité »*)

Le dogme de l'égalité humaine, rendu célèbre par Rousseau (les hommes naissent bons, mais la société les corrompt), repris par Marcuse (la technologie de la société industrielle avancée aliène l'homme), n'explique pas, et pour cause, comment des hommes nés bons ont pu créer une société corruptrice ou une technologie aliénante. Dans une anticipation remarquable, Rosenberg répondait à Marcuse : « Ce n'est pas la technique qui détruit aujourd'hui l'élément vital, mais l'homme qui est dégénéré. » Tout le marxisme se signale par une ignorance totale de la dégénérescence, du déchet biologique, de la décadence et du déclin, sinon Marcuse ne pousserait pas l'inconscience jusqu'à proposer comme buts suprêmes la « liberté », la « paix », le « bonheur » et jusqu'à condamner l'héroïsme », pour lui synonyme de « brutalité »[1].

De Rousseau à Marcuse, les fanatiques de l'égalité prétendent que le Grand Sorcier des Boschimans vaut Pascal.[2] Par conséquent, rien de meilleur que le mélange des races. Tant pis s'il faut mettre le monde sens dessus dessous. Et que nul n'élève la voix, sinon il est traité de raciste, terme dont le sens le plus clair consiste à ruiner économiquement ceux qu'il vise.

- Cinquième alinéa (*Humanitarisme et pacifisme*)

On ne vise pas ici l'attitude simplement intelligente d'un vainqueur humain et pacifique, parce qu'il est conscient de ses responsabilités envers la vie et veut désamorcer des conflits sanglants. L'humanitarisme consiste à sacrifier la défense de la race à des billevesées de fraternisations égalitaristes à sens unique, et le pacifisme, à jeter les armes en comptant sur les bons sentiments de ceux qui les gardent.

- Septième alinéa (*Instinct de conservation*)

Il est clair que le stade de l'instinct de conservation limité au moi se situe au niveau animal, puisque l'homme, aussi loin que nous remontions dans la préhistoire, apparaît en société. Nous observons d'ailleurs une vie sociale chez de nombreux animaux supérieurs.

- Huitième alinéa (*Le milieu et les races*)

Le terme « déterminent » a ici un sens différentiel : les dispositions intérieures des races déterminent les différences dans le mode d'action d'une seule et même influence extérieure.

- Dixième alinéa (*De l'optimisme darwinien*)

Il faut se garder ici d'un optimisme darwinien selon lequel la lutte assurerait automatiquement la victoire des meilleurs. Il est des victoires injustes. Trop souvent, en effet, les forces de la décadence l'ont emporté. Trop souvent, les faibles, les mal-venus, les dégénérés de toute espèce ont écrasé sous le nombre une élite biologique qu'ils n'auraient jamais pu affronter à armes équivalentes.

Différent du primitif aux capacités modestes mais à la volonté intacte, l'homme du déchet, surtout s'il dispose d'une intelligence supérieure, se rend compte de ses tares et de son impuissance à y porter remède. Dès lors, s'il veut survivre, il doit autant que possible anéantir dans sa race les individus moins dégénérés que lui. Une haine viscérale de ce qui est sain conduit à un fanatisme militant pour propager la corruption sous toutes ses formes : culte de la drogue, de la pornographie, du morbide, des vanités, des faiblesses, humanitarisme dévirilisant à l'usage des imbéciles, calomnie de l'héroïsme, falsification des plus hautes valeurs culturelles, appui inconditionnel au mélange des races et hostilité de principe à toute politique biologique. Et cette

---

1 — Marcuse, *L'Homme unidimensionnel*, Préface.

2 — Même un démocrate irréprochable comme John Adams, signataire de la Déclaration d'indépendance des États-Unis, considère que, si les hommes sont égaux en droit, c'est néanmoins « une erreur grossière que de prétendre que tous sont nés avec des pouvoirs et des facultés égales ... »

haine cimente aussitôt la coalition mondiale des tarés, lorsqu'en un point du globe s'impose une véritable élite. Le déchet biologique a reconnu son ennemi et défend sa peau.

Les victoires répétées de l'ignoble expliquent la grave situation actuelle du monde aryen et soulignent la nécessité pour les forces saines d'améliorer leurs méthodes de combat. Loin d'affirmer naïvement l'inévitable victoire des meilleurs, nous rappelons que l'ascension biologique a pour condition la lutte victorieuse des éléments positifs. À ceux-ci d'en trouver les moyens.

Le Manifeste proprement dit :

- Point 1 (*Le concept « race »*)

Les antiracistes tirent volontiers argument des différences existant, selon les auteurs, dans la définition des races comme dans leur classification.

Classer l'humanité en races prolonge le travail de la botanique et de la zoologie. C'est dire, qu'ici comme là, on ne saurait parler d'une classification vraie ou fausse puisqu'ayant une existence purement idéale — mais plus ou moins adéquate. La réalité (les différences entre individus), se trouvera plus ou moins bien mise en lumière selon le système.

Cette première remarque a sa petite importance, car il s'agit d'éviter le défaut consistant à faire de la « race » une entité métaphysique telle que Dieu ou l'âme », des théologiens. Par définition, la race est un concept groupant un certain nombre d'hommes se ressemblant assez par leur capital héréditaire physique et psychique. On voit donc les éléments constitutifs du concept : certains ont une existence idéale (la ressemblance suffisante) et d'autres une existence réelle (les divers capitaux héréditaires). S'en souvenir permet de réfuter une série d'objections. Ainsi, les différences de classification entre les grands anthropologistes, quand elles ne sont pas strictement terminologiques, reposent sur une plus ou moins grande sévérité dans le critère de ressemblance suffisante ou sur une connaissance imparfaite de la réalité, nécessitant des recherches complémentaires. D'autre part, si l'on nous oppose les éléments idéaux pour dénier toute réalité à la race, on ignore tout bonnement la donnée scientifique de base : les individus, avec leurs différences héréditaires. On n'emploierait pas d'arguments aussi ridicules si l'on parlait élevage de chiens. Mais parce qu'il s'agit des hommes, on voudrait, à force de sophismes, contester des concepts que nous appliquons au reste des êtres vivants.

Mais ne pourrait-on pas établir autant de classifications que l'on veut ? Pas forcément. On établit le système en admettant un certain nombre de types et en répartissant les hommes dans ces catégories selon qu'ils se rapprochent davantage de tel ou tel type. Le système le plus adéquat sera celui où il y aura le moins d'individus intermédiaires et où le plus grand nombre possible sera proche du « type ». En outre, il faut que les individus correspondant au « type » soient de race pure, c'est-à-dire, qu'alliés entre eux, ils engendrent une descendance semblable à eux-mêmes (qu'il n'y ait donc pas de ségrégation mendélienne). Et cela, pour que le type élaboré ne disparaisse pas trop vite de la circulation ...

Remarquons-le en passant : la pureté de race, contrairement au préjugé très répandu, n'exclut en aucune manière des métissages antérieurs ; on sait en effet que des races pures peuvent sortir de croisements.

À la longue, on se trouvera en mesure de préférer tel système de classification des races humaines à tel autre, le débat ne portant d'ailleurs plus sur les grand-races, désormais acquises, mais sur le détail des races-types. En observant aussi que les races naissent et disparaissent, on comprendra que l'avenir en fera immanquablement surgir de nouvelles.

- Points 2 à 4 (*De l'ethnie*)

Selon le critère utilisé, on obtiendra des ethnies plus ou moins homogènes au point de vue racial. L'ethnie française de France comprend, pour l'essentiel, trois types aryens : nordique, alpin et sud-occidental. Mais elle comprend aussi, à l'heure actuelle, quelques millions d'allogènes (Nègres, Nord-Africains, métis d'Indochine et Juifs) qui posent des problèmes importants et complexes.

L'ethnie suédoise, en revanche, se borne pour l'essentiel au type nordique, les Alpins (Lapons) étant très minoritaires.

Logiquement — et il faudra y venir un jour l'étude d'une ethnie comprend aussi les aspects qualitatifs que sont l'importance de l'élite et du déchet biologiques.

- Point 5 (*Rôle biologique de la nation*)

A. James Gregor a montré comment chaque nation est une race à un certain stade de formation. Nous savons en effet, depuis Vacher de Lapouge, que le milieu social a remplacé la nature dans la sélection humaine. On peut en dire autant du milieu historique, des guerres et des paix, ainsi que du milieu moral. Nietzsche déjà relevait la sélection biologique exercée par les valeurs morales, religieuses, dominant une société. Et Rosenberg déclare : « Chaque race a son âme et chaque âme, sa race, sa propre architecture intérieure et extérieure, son aspect caractéristique jusqu'au geste trahissant son style de vie, son équilibre propre entre les forces de la volonté et de la raison. Chaque race produit en fin de compte un seul idéal suprême. Celui-ci est-il altéré ou même détrôné par d'autres systèmes sélectifs, par l'infiltration massive de sang et d'idées allogènes, cette transformation intérieure se traduit au dehors par un chaos, par une époque de catastrophes. Car une valeur suprême entraîne une structuration bien déterminée des autres impératifs vitaux : elle modèle le style d'existence d'une race, d'un peuple, d'un groupe de peuples apparentés à une nation donnée ... » (*Mythus*, I, 6). Et si le système de valeurs allogènes parvient à détrôner l'ancien, « cela signifie la mort d'une âme culturelle qui disparaît alors de la surface terrestre jusque dans son incarnation extérieure »

(ibid.). Il suffit dès lors à Gregor de rapprocher ces lois du fait que les frontières nationales constituent dans une forte mesure une frontière du sang pour conclure l'importance biologique des nations.

Certains auteurs, ignorant ou voulant ignorer l'action sélective du milieu social, moral et historique, se croient tenus de manifester leur mépris à l'idée de « races nationales », qu'on ne voit nulle part, même à la loupe. Ils négligent simplement le temps de formation souligné par Gregor. Aucune des nations historiques n'a duré les quinze ou trente millénaires voulus. Pourtant, le peuple juif, avec son record de continuité, esquisse déjà un type nouveau, et cela pourtant à partir d'une ethnie des plus composites. À des degrés moindres, le phénomène se retrouve ailleurs, comme l'aperçoit Hermann Keyserling dans son « Analyse spectrale de l'Europe ». Décelable, sinon à la loupe, du moins au microscope d'un psychologue doué.

L'analyse de Gregor conduit à quelques conclusions capitales. D'abord, il importe de donner aux nations des ethnies aussi homogènes que possible ; ainsi, une nation limitée aux types aryens présentera une homogénéité suffisante, mais si elle comprend des allogènes (Nègres, Mongolides, Sémites, Turco-Tatares), il conviendra de les reconduire sur leurs terres d'origine ou, du moins, de leur conférer un statut de peuples-hôtes (cf. *Manifeste*, point 73). Ensuite, il importe de faire régner dans les nations un ordre social et des valeurs morales assurant une sélection positive, sans négliger les mesures de biopolitique allant dans le même sens. Et nous touchons ici au fondement même de notre social-racisme. Enfin, par une politique adéquate, il importe d'accorder à la nation la durée nécessaire (non des siècles, mais des millénaires). Pour cela, une confédération des nations aryennes s'impose, ou, si l'on veut, une Europe débordant l'Europe géographique.

• Point 6 (*Le concept « peuple »*)

Le peuple est une ethnie suffisamment homogène qui peut, avec de la chance, constituer une nation, mais qui peut aussi se répartir sur plusieurs nations ou même ne posséder aucun territoire comme le peuple tzigane. Le cas du peuple juif, qui n'a pas toujours disposé d'une nation puisqu'il a été longtemps privé de territoire, montre qu'un peuple doué d'une forte volonté peut se donner une organisation politique, même comme minorité dispersée.

Dans ces conditions, le concept « peuple » peut varier au cours de l'histoire, mais dans les limites de la communauté raciale. D'où la conséquence importante que le déchet biologique ne fait pas partie du peuple. Un peuple qui ne parvient pas à se séparer du déchet ni des allogènes se désagrégera ou même disparaîtra au bout d'un processus de décadence plus ou moins long.

• Point 7 (*Antisélection et métissage*)

A

Contrairement aux auteurs pour qui le métissage représente l'unique danger, il convient de faire comprendre que l'antisélection (ou sélection à rebours) est, à longue échéance, encore plus grave[1].

Comme toute maladie, la dégénérescence peut atteindre un point de « non-retour ». Le délabrement ou le développement monstrueux des structures psychiques peuvent devenir tels qu'aux yeux du dégénéré lui-même comme nous l'avons signalé par ailleurs, la seule chance de survie (personnelle et pour quelques générations de sa lignée) consiste à détruire ou à corrompre tout ce qui est sain. Nous ne devons jamais l'oublier, il y a parmi nous, et en nombre toujours plus grand, des êtres prêts à sacrifier les générations présentes et à venir pour faire survivre de quelques heures leur cancer et leurs abcès moraux.

Certains, encore imprégnés du béat optimisme de la « sélection du plus apte » trouveront nos propos exagérés. Raison de plus d'en finir avec cette erreur mortellement dangereuse.

À l'époque de Darwin, la « sélection du plus apte », reflet scientifique de la foi au « Progrès », passait pour un mécanisme infaillible assurant à chaque espèce une marche ininterrompue vers le ciel de la perfection. Confiants dans ce mécanisme, le danger est que nous fermions les yeux sur les périls biologiques et que nous disparaissions à l'instant précis où quelque théoricien aura apporté la preuve irréfutable qu'en toutes circonstances l'homme sera toujours la meilleure des espèces possibles. Le seul fait des espèces disparues, non pas transformées par évolution, mais anéanties, englouties jusqu'au dernier représentant, devrait ruiner un tel optimisme. Un optimisme impliquant éventuellement la suppression de l'homme afin de mieux permettre l'ascension du chimpanzé paraît une mauvaise plaisanterie, puisque nous en ferions les frais, et un mécanisme régulateur capable d'adaptations » aussi radicales mérite d'être surveillé d'un œil particulièrement soupçonneux.

L'idée de la « sélection du plus apte » soulève de nombreuses suspicions, dont une des moindres concerne le flou, l'extensibilité dans tous les sens du concept « aptitude » et de son corollaire

---

1 — Jacques de Mahieu, dans son « *Précis de Biopolitique* » (Editions Celtiques, C.P. 303, succ. Youville, Montréal 351, Canada, 1969) a remarquablement mis la sélection à rebours en lumière.

« utilité ». Même en limitant l'idée d'aptitude et d'utilité aux caractères psychiques ou physiques avantageant leurs porteurs dans la fameuse « lutte pour la vie », même en éliminant en pensée les circonstances imprévisibles mais réelles qui viennent fausser les résultats, on se heurte aux nombreux cas où la sélection du plus apte ne joue pas — à moins de distendre la notion d'aptitude au point de l'identifier aux circonstances causes de succès ou à moins d'aboutir une plate adoration du succès (ici reparaît la mauvaise plaisanterie du chimpanzé). Le premier fait, et le plus important, c'est la sélection à rebours, sur laquelle on n'insistera jamais assez. Elle résulte de nombreux facteurs, mentionnés en partie, comme la coalition des faibles ou des dégénérés, les guerres, la ploutocratie, le mélange des races ; d'une manière générale tout le contrecoup antisélectif de la décadence moderne, et surtout la cause qui l'engendre : l'auto-domestication humaine résultant du progrès technique qui, supprimant toujours plus la sélection naturelle, abaisse artificiellement la limite du pire, au-dessous de laquelle un individu est éliminé. À défaut d'une sélection bien organisée, donc d'une biopolitique adéquate, notre « civilisation » devient un poison dont nous ne pourrons bientôt plus nous passer. Si quelque accident nous l'enlève, nous risquons la mort pure et simple.

Et pourtant, il y a quelque chose de juste dans l'idée de Darwin. Des mutations se produisent. Elles peuvent être indifférentes à la reproduction de l'individu, mais elles peuvent aussi s'avérer utiles ou nuisibles, c'est-à-dire favoriser ou entraver la reproduction. Alors, bien sûr, les caractères « utiles » remplacent ceux qui sont « nuisibles ». Seulement, prenons garde. Cette utilité-là a pour seul critère la reproduction. Et la sélection à rebours est précisément aggravée du fait que certaines qualités, momentanément utiles à la reproduction (comme l'adaptation à la société ploutocratique), présentent des inconvénients majeurs à d'autres points de vue. Le destin peut mener une espèce à la ruine suivant ce mécanisme. Autrement dit, la nature ne s'occupe des utilités, des aptitudes, des faiblesses ou des tares qu'en fonction de la reproduction. Elle assiste avec indifférence aux plus folles courses à l'abîme. Elle se borne, un beau jour, à éliminer le pire, c'est-à-dire les individus qui ont cessé d'être viables[1].

B

Les remarques précédentes ne diminuent en aucun cas le très grave danger du métissage : le manque d'unité intérieure du métis, généralisé à tout un peuple, conduit à un État instable, où se succèdent anarchie et répression et qui perdra rapidement sa souveraineté réelle à l'instar de diverses républiques d'Amérique centrale ou du sud. Or le risque de disparition physique pure et simple pèse sur les peuples non souverains, comme l'ont bien vu les Peaux-Rouges.[2]

- **Points 8 et 9** (*Le chaos racial*)

Au contraire de la dégénérescence, le mélange des races, si sombres qu'en soient les suites, n'aboutira guère à la disparition totale de l'humanité, mais simplement au chaos racial — à partir

---

1 — Etienne Rabaud a lancé la très juste et très heureuse formule de l'élimination du pire.

2 — Voici l'avis de David-H. Lawrence qu'on ne saurait taxer de racisme : « ... Si vous mêlez des sangs de même race, cela peut aller très bien. Les Européens sont tous de souche aryenne, la race est la même. Mais quand vous mêlez du sang européen et américano-indien, vous mêlez des sangs de races différentes et vous produisez des métis. Or, le métis est une calamité.

Pourquoi ? ... Il n'est ni chair ni poisson, il est divisé en lui-même. Son sang d'une race le pousse à faire telle chose, son sang d'une autre race le pousse à autre chose. C'est un malheureux et un malheur pour lui-même. Le cas est désespéré. » (*Le Serpent à Plumes*, Guilde du Livre, Lausanne, 1957.)

Voir aussi l'étude classique d'Eugen Fischer *Die Rehobother Bastards*, Téna 1913.

duquel se formeront lentement de nouvelles races. Ici, le péril n'est plus la mort de l'espèce, mais une grave déchéance : la prestigieuse évolution qui a produit l'Aryen disparaîtra, et la nature recommencera son travail de Pénélope. Les Aryens ne périront probablement pas[1] ; ils seront jetés dans le creuset avec les autres — pour aboutir, après quelque cent mille ans de barbarie, à une race nouvelle (forgée par les catastrophes) et à une culture nouvelle. À moins qu'une partie des Aryens, plus éclairée ou plus équilibrée, ne sache s'isoler du chaos, s'organiser politiquement dans sa dispersion, conquérir un territoire et s'y concentrer en attendant que les peuples du chaos soient assez affaiblis pour reprendre sa place sur notre planète. Quoi qu'il en soit, le chaos racial ne rendra pas la biopolitique inutile, mais encore plus nécessaire, plus impérieuse.

- **Point 10** (*Contre l'Européen standard*)

Cela ne signifie nullement que nous entendions forcer les mélanges entre les cinq races-types mentionnées au point 27, surtout là où elles sont géographiquement séparées, comme en Europe, afin d'obtenir un Aryen standard ou un Européen normalisé. D'abord, nous avons autre chose à faire qu'à perdre du temps en interventions inutiles. Ensuite, et surtout pour l'Europe, la diversité des races-types est féconde par l'émulation culturelle qu'elle engendre. Enfin, il faut éviter que d'inutiles mesures de brassage ne suscitent de dangereuses réactions. En laissant au contraire les choses suivre leur cours, on n'aboutit pas à la suppression des types. L'exemple de nations à plusieurs types montre qu'un équilibre s'instaure, les mélanges sont compensés par les séparations mendéliennes, quelques sous-types intermédiaires apparaissent dans la frange de mélange et les types de départ subsistent dans une proportion qui demeure stable[2].

- **Point 12** (*Pour le racisme*)

La nature elle-même est raciste, puisqu'elle a crée les races, les a mises à l'épreuve de la compétition pour assurer l'ascension des plus dignes. Les généticiens le sont aussi. Racistes sont : le sélectionneur de graines, l'éleveur de poules, de chiens ou de chevaux pur-sang.[3]

Loin d'être un mal, le racisme donne à l'homme le moyen de reprendre son ascension biologique, interrompue avec l'arrêt de la sélection naturelle, alors que le déchet biologique,[4] accumulé entre temps, cherche par tous les moyens à contrecarrer une reprise de sélection qui le menacerait.

- **Point 18** (*Religion et racisme*)

Nous répondons ici à une objection souvent soulevée par les milieux religieux, en montrant que leurs propres convictions sont compatibles avec le racisme. Il va sans dire que nous n'adop-

---

1 — Sauf massacres toujours possibles à la faveur de troubles politiques dans le genre des émeutes raciales périodiques des États-Unis. En effet, la rancune des races de couleur s'exaspère. Elles envient, à tort d'ailleurs, la manière de vivre des Blancs, veulent les égaler et ceci tout de suite et entièrement. Mais leur retard technologique, loin de diminuer, ne fait que croître, la nature les ayant pourvues d'autres dons. Les moins douées s'en rendent compte, d'où leur stupeur, leur déception, et, partant, leur colère qui se transforme en haine, puisque l'UNESCO et autres charlatans leur affirment que tous les hommes ont des droits égaux.

2 — Von Eickstedt nous rend attentif à ce phénomène, à première vue paradoxal.

3 — Raciste est le grand public quand il suit son bon sens. René Bovet l'a bien vu, puisqu'il écrivait dans la « *Feuille d'Avis de Vevey* » du 9 avril 1968 : .. Faut-il néanmoins prôner la séparation des races, tout en admettant et en appliquant l'égalité des droits ? Cas exceptionnels réservés, je n'hésite pas à répondre affirmativement à cette interrogation, au risque de me faire conspuer par les âmes sensibles et les égalitaires. »

4 — Cf. *Manifeste*, point 32.

tons pas pour autant le point du vue d'une religion ou d'une métaphysique donnée, lesquelles relèvent de la conscience individuelle, varient avec les individus et ne sauraient mettre en cause les lois scientifiques fondant le racisme. Lorsqu'un zélateur attaque le racisme, il outrepasse le religieux ou le métaphysicien pour énoncer des lois causales démenties par l'expérience, et rend en fin de compte le plus mauvais service à la foi qu'il défend.

Les Églises, qui longtemps ne furent nullement égalitaristes (la monarchie de « droit divin »), sont aujourd'hui divisées. Sous prétexte d'égalité des hommes devant Dieu » (et pourquoi pas « égalité des créatures devant Dieu » ?) divers ecclésiastiques embouchent la trompette antiraciste sans considérer que si Dieu a créé des inégalités naturelles, c'est qu'il les a voulues. Mais les Églises hollandaises soutiennent le gouvernement Sud-africain et trouvent dans la Bible la justification de la politique de séparation des races, les fils de Cham (Nègres) devant obéir aux fils de Japhet (Blancs) : « Cham fut le père de Canaan ... » Suit le récit de la nudité de Noé. À son réveil, il maudit toute la descendance de Cham : « Maudit soit Canaan, il sera pour ses frères le Serviteur des serviteurs... Que Dieu donne long espace à Japhet et qu'il habite dans les tentes de Sem : que Canaan soit son serviteur. » (*Genèse* 9/18-27.)

- **Point 22** (*De la communauté raciale*)

Alors que les points 19 à 21 se bornent à définir (et une définition ne se discute pas, puisque conventionnelle), le point 22 énonce le fondement même du racisme.

Les qualités héréditaires qui importent ici sont non seulement physiques, mais psychiques. Toute l'anthropologie n'offrirait qu'un bien maigre intérêt si les différences entre les hommes étaient seulement physiques. La couleur de la peau, la forme des cheveux constitueraient alors des détails sur lesquels on pourrait passer. C'est d'ailleurs la position des antiracistes qui, niant les différences psychiques, ont le bon sens pour eux en défendant nos malheureux frères nègres dont toute la noirceur réside dans l'épiderme.

L'étude des jumeaux démontrant largement l'hérédité psychique, cette thèse antiraciste revient à nier toute corrélation entre les caractères physiques des races et leurs caractères psychiques. Or, une série de disciplines, comme l'histoire, l'étude des cultures et la psychologie raciale[1], la réfutent dans l'essentiel. Dès lors, un antiraciste, s'il est honnête (ce qui devient de plus en plus difficile), ne peut que tenter de minimiser cette corrélation.

Or, ici intervient un fait capital : la plupart des caractères physiques des races sont indifférents à la lutte biologique. La perte de pigmentation des Blancs dans un climat tempéré n'offre ni avantage ni inconvénient notables, pas plus que le fait d'être blonds pour les Nordiques et les Baltes orientaux, en tant que summum de dépigmentation. La généralisation d'une mutation individuelle à toute une race est impensable, à moins de se montrer hautement utile. Un aspect physique indifférent, dès lors, ne se généralisera que s'il est lié à un autre, d'une utilité décisive[2]. Et ce second aspect sera nécessairement psychique, le progrès biologique de l'homme se déroulant depuis longtemps sur le terrain des structures psychiques[3]. Autrement dit, un

---

1 — En février 1969, dans la « *Harvard Educational Review* », le professeur Arthur Robert Jensen publiait une étude : « Dans quelle mesure pouvons-nous améliorer le quotient intellectuel des étudiants et leurs résultats scolaires ? » portant sur environ 400 cas et concluant que les différences d'intelligence moyenne entre Noirs et Blancs ne proviennent pas du milieu social mais de l'hérédité.

2 — D'ailleurs le caractère aveugle des mutations fait admettre que la mutation avantageuse jusque dans ses moindres détails doit être l'exception, le plus courant étant la concomitance d'un aspect avantageux avec des aspects indifférents ; et cela doit suffire à la généraliser.

3 — Or ce qui a élevé l'homme au-dessus des animaux, ce qui lui a permis de triompher d'eux et dans un

caractère racial biologiquement indifférent constitue le signe visible d'une mutation psychique d'utilité vitale.

D'autre part, le point 22 du *Manifeste*, par l'idée de ressemblance suffisante, introduit une appréciation de base pour le raciste. Comme on l'imagine — et comme on le constate en fait — la plus ou moins grande sévérité du critère de « ressemblance suffisante » conduit à tracer un cercle plus ou moins grand pour la communauté raciale. Ici interviennent deux exigences antithétiques. Plus l'ensemble est grand, plus grande est sa force, mais plus faible est la parenté mystique. Ainsi, il faut une communauté à la fois aussi grande et aussi petite que possible.

Puisqu'il y a pour chacun une limite de distance au delà de laquelle la communion avec un autre — ou même la compréhension — devient impossible, il importe de prendre cette limite comme critère de la grandeur maximum du groupe. Rien se sert de la dépasser dans le but d'être plus fort et de triompher plus aisément. Absurde serait un tel succès, impliquant la victoire d'individus si différents de nous qu'ils deviendraient fatalement nos ennemis... Du reste, cette limite de parenté mystique coïncide avec la limite de croisements non décadents. Car le problème se pose de la même manière pour l'enfant : comment celui-ci réaliserait-il l'unité intérieure, si les capitaux psychiques paternel et maternel sont dissemblables au point d'exclure la communion entre les parents ?

Il faut aussi éviter le défaut contraire et ne pas se montrer allergique à une saine diversité, au point de courir à l'échec, en restreignant trop le nombre des camarades de combat. Ainsi, la communauté mystique et le monolithisme racial ont-ils été plus forts entre Vikings qu'ils ne le seront entre les races-types aryennes. Il faut savoir ici se contenter de moins pour obtenir un groupe aux dimensions suffisantes.

- Point 23 (*Les grand-races*)

Il s'agit d'une simplification pour le grand public. En réalité, on compte davantage de grand-races. Montandon en distingue neuf.

- Points 27 à 29 (*Races-types et groupes sanguins*)

A

Des cinq principales races-types d'Europe, la nordique est incontestablement la mieux étudiée, tant dans sa morphologie que dans sa répartition géographique. On y distingue deux sous-types : a) nordique (au sens restreint) ; l'esprit d'entreprise frise la témérité ; exemple : le Viking ; b) falique : squelette plus lourd, aspect trapu malgré la grandeur de la taille ; exemple : le paysan de Westphalie. Les principaux effectifs nordiques se concentrent autour des mers Baltique et du Nord, mais se rencontrent, soit en îlots, soit comme éléments d'ethnies mixtes, presque partout en Europe ; exemple : les Catalans (Nordiques par les Goths, Sud-Occidentaux par les autochtones). Avec les grandes découvertes, des effectifs nordiques se sont répandus sur toute la terre, mais ce n'est qu'en Amérique du Nord, en Australie et en Afrique du Sud qu'ils présentent de fortes concentrations.

Relativement bien étudiée est la race-type alpine (que Günther appelle « orientale »). Ses aires de grande concentration sont plus restreintes : massif Central français, Alpes suisses, Italie du nord et centrale, Allemagne du Sud, Laponie (l'appartenance des Lapons au type alpin, affirmée

---

sens de la nature, ce ne sont pas les aspects physiques (dépigmentation, forme du crâne à elle seule, taille, forme du nez ou de la bouche) qui, venus seuls, sans corrélatifs utiles, seraient demeurés sporadiques, mais ceux de l'esprit et du caractère.

par von Eickstedt, est confirmée par les groupes sanguins). Mais on trouve la race alpine titre de composante dans toute l'Europe occidentale. On relève sa présence en Espagne sans pouvoir toutefois faute de données, en indiquer les effectifs. Plus sédentaire, elle a moins accompagné les Nordiques ou les Sud-Occidentaux outre-mer.

La race-type baltique orientale (aussi appelée Vistulienne) est connue dans son ensemble, bien que les données particulières soient modestes. Son aire de concentration comprend la Finlande, la Russie d'Europe et une partie de la Pologne. On la retrouve en îlots ou comme composante dans les Balkans et sur les rives est de la Baltique. En raison de sa localisation d'origine, on la verra beaucoup moins outre-mer. En revanche, la Sibérie lui sert de terre de colonisation. Certains auteurs, vu que les Baltiques orientaux sont blonds, ont cru à une origine commune avec les Nordiques, mais cette hypothèse est contredite par les groupes sanguins, ce qui, du même coup, assure leur autonomie typologique.

Les Dinariques, moins nombreux, dominent dans les Balkans. On en trouve des îlots ou des traces dans toute l'Europe centrale. Longtemps contestée, leur autonomie typologique est corroborée par les groupes sanguins.

L'autonomie typologique des Sud-Occidentaux (Occidentaux chez Günther, Méditerranéens chez von Eickstedt et bien d'autres) est établie par les groupes sanguins, lesquels offrent la particularité remarquable de la plus basse teneur du monde en sang B ! Ce qui a fait dire qu'ils étaient sérologiquement les plus « blancs » des Blancs. (Parmi eux, les Basques détiennent le record.) Leur aire de concentration est le sud de la France, la péninsule Ibérique, certaines parties de l'Italie et des îles Britanniques. Très navigateurs lors des grandes découvertes, ils dominent en Amérique du Sud.

Nous n'avons pas mentionné, outre ces cinq, des races-types moins nombreuses et souvent moins bien étudiées, comme les Noriques, brachycéphales blonds aux séries sanguines semblables à celles des Alpins, ou les « Dinariques blonds » signalés par quelques auteurs. Ces détails seront mis en valeur le jour où des enquêtes anthropologiques couvrant toute l'Europe apporteront les données voulues.

Outre-mer, comme nous l'avons vu, on retrouvera les cinq principaux types, mais dans une proportion différente : avec une forte prédominance des Nordiques ou des Sud-Occidentaux, qui se sont trouvés aux points de départ des grandes découvertes.

B

Une mise au point sur l'utilisation des groupes sanguins en anthropologie s'impose. En effet, cette méthode récente a donné lieu à des interprétations abusives, suscitant, par réaction, son rejet injustifié. Il convient donc de savoir exactement comment l'utiliser et ce qu'on peut en attendre.

Le débat ne porte pas encore sur toutes les propriétés sérologiques, mais en premier lieu sur le système dit ABO. Le lecteur non informé trouvera dans la plupart des ouvrages de vulgarisation biologique une orientation suffisante sur les groupes sanguins A, B, O et AB. Bornons-nous donc à quelques rappels.

Les propriétés sanguines sont héréditaires et obéissent aux lois de Mendel. L'importance relative des groupes A, B, O et AB dans une population varie fortement, sur notre planète, selon les races ou les mélanges raciaux. En revanche, lorsqu'une ethnie ne subit aucun apport de sang étranger, la formule ABO reste identique. En ce qui concerne l'Europe, ce sont les variations du pourcentage de sang B qui mettent le mieux les différences raciales en évidence : à partir d'un minimum de B en Espagne du nord et en France du sud-ouest, on voit le pourcentage augmenter à mesure qu'on se déplace vers l'Asie ou vers l'Afrique. C'est pourquoi nous avons caractérisé les cinq races-types européennes par leur sang B, pour plus de simplification, mais une étude précise doit se référer, bien entendu, à la série complète A, B, O et AB.

Deux populations ethniquement semblables présenteront des formules ABO semblables. Mais deux formules ABO semblables ne prouvent pas encore la similitude ethnique : elles peuvent provenir l'une ou l'autre, ou toutes les deux, du mélange de races différentes, avec des formules différentes, se combinant pour donner des moyennes semblables. Par conséquent, une concordance des formules ABO a seulement une valeur d'indice, décisive néanmoins lorsque d'autres indices la confirment.

Deux populations ethniquement identiques, mais dont l'une est atteinte de dégénérescence alors que l'autre mène une vie saine, auront la même formule sanguine. La méthode sérologique ne révèle donc rien des évolutions dues à des sélections divergentes.

Inversement, deux populations d'origine ethnique différente ayant subi une évolution convergente par suite d'une même sélection, offriront les mêmes écarts sanguins que si elles n'avaient pas convergé : La méthode sérologique ne renseigne donc pas davantage sur les évolutions dues à des sélections convergentes.

En revanche, la formule ABO réagit avec une grande sensibilité aux apports de sang nouveau, et souvent même, avant qu'un apport se soit traduit par d'autres signes extérieurs.

Correctement interprétée, la méthode sérologique donne d'excellents résultats. Ainsi, elle a confirmé l'appartenance des Lapons au type alpin, et elle a établi l'autonomie typologique des Sud-Occidentaux, les différenciant d'autres dolichocéphales bruns comme les Sémites.

En outre, elle permet de réfuter de nombreuses théories hasardeuses sur l'origine d'une race, comme, par exemple, le rattachement des Australoïdes (considérés comme des proto-Blancs) à la race blanche, car la comparaison des formules ABO en montre l'impossibilité. De même, la thèse suivant laquelle les Basques constitueraient une mixo-variation sur un fond nègre s'effondre devant le fait que les Basques ont le plus bas pourcentage du monde de sang B (2%, contre 25% chez les Nègres).

• Point 30 (*Dimension de la communauté raciale*)

Les points 88 et 89 du *Manifeste* traitent des deux divergences possibles par rapport à notre définition. Si regrettable cela soit-il, il est inévitable qu'il se produise entre racistes autant de ruptures qu'il y a d'acceptions de la communauté raciale. En attendant que l'histoire ait tranché, nous devons nous contenter de faire valoir nos arguments, avec franchise et avec calme, même si l'excès de zèle rend les déviationnistes sourds et aveugles. Au pire, nous aurons pris date ; et lorsque l'histoire nous donnera raison, nous pourrons leur rappeler que nous avons été bons prophètes. Aussi faut-il éviter de leur lancer l'anathème et, s'ils nous le lancent, l'ignorer.

Notre commentaire du point 22 apporte les premiers arguments de principe. Une autre catégorie d'arguments nous est donnée par l'histoire culturelle : l'apport des cinq races-types établit non seulement la valeur de chacune, mais permet au psychologue de constater leur parenté suffisante. En particulier, le cas d'artistes créateurs issus de deux types corrobore leur compatibilité biologique.[1] D'autre part, l'étude des franges de mélange d'un type à l'autre, particulièrement facile en Europe, souligne l'absence des troubles de la personnalité qui caractérisent les métis (issus du croisement de deux grand-races). Enfin, l'actualité fournit les impératifs géopolitiques faisant ressortir qu'il n'est plus question de jouer un rôle sur notre planète avec des effectifs

---

1 — Voir aussi le commentaire du point 88.

inférieurs à 200 millions d'hommes.

• Point 31 (*Sens de l'inégalité*)

Une prééminence aryenne dans le monde, si elle s'inspire d'un esprit de responsabilité envers la vie, servira les autres races, alors que la démagogie onusienne, essentiellement décadente dans son appel aux jouissances, leur rend le plus mauvais service.[1]

Il est aujourd'hui prouvé que la vie tend à la différenciation. Tout va vers l'inégalité, et il faut s'en réjouir, puisque c'est la condition préalable de l'ascension biologique. Mais les idéologues de l'égalitarisme nient jusqu'à l'existence des races et, pour en effacer l'apparence, prônent le grand mélange, en toute hâte et à tout prix.

• Point 32 (« *L'écume* » *et la* « *lie* »)

Nous devons les concepts de déchet biologique, avec ses subdivisions : l'écume et la lie, aux « Propositions d'Uppsala », manifeste anonyme paru en 1958 en France et dont le style brillant exclut en fait la possibilité d'une traduction du suédois, « Uppsala » servant visiblement de couverture à un groupe raciste français. À part quelques outrances et quelques inexactitudes, les « Propositions d'Uppsala » constituent un texte d'avant-garde qui fait honneur à la pensée française.

Certes, les phénomènes de dégénérescence étaient connus ; Nietzsche les signalait déjà, et Friedrich Ritter, en 1951, leur consacra une étude monumentale[2], qui fera époque. Mais les « Propositions d'Uppsala » ont apporté l'inestimable instrument logique et dialectique de la mise en concepts.

Ignorer le déchet biologique, c'est ignorer la cause principale du déclin des peuples aryens. Le mélange des races expliquait en partie la décadence romaine. Il n'explique plus aujourd'hui l'abdication de l'Europe, moins mêlée que l'Amérique, ni, en particulier, la décadence suédoise en l'absence de toute infiltration allogène.

Il est bien évident qu'une estimation exacte des effectifs du déchet est impossible. On en est réduit aux observations individuelles, faute d'enquêtes anthropologiques de grande envergure et de longue haleine. Mais déjà, cette observation, pratiquée systématiquement, permet de constater des différences selon les nations au net désavantage des plus « civilisées », et d'estimer l'effectif du déchet entre 15 et 30 % de la population totale. En Amérique, on devrait normalement observer les mêmes variations, plus favorables en Amérique du Sud qui, en revanche,

---

1 — André Manuel, dans « *La Nation* » du 29/9/60, le relève : « ... Nous sommes aujourd'hui sommés par les Nègres et les intellectuels de déposer notre bilan. Les « sous-développés » nous demandent des comptes. Mais personne n'a l'air de se demander si ces « sous-développés » n'étaient pas en définitive des « sous-capables » et si cette civilisation qu'on nous envie avec tant de hargne n'est pas tout simplement le produit d'une puissance de travail et d'une intelligence supérieures. (...) Nous sommes héritiers de mille générations qui ont travaillé leurs terres et leurs cerveaux et ne se sont pas contentés de se regarder le nombril. »

Et H.-A. Sabarthez : « Sous prétexte de rendre justice aux Nègres, vous voulez justifier le vice, le faux et le laid. Vous n'allez à ces races inférieures que pour leur emprunter des armes contre nous et notre foi. Ce que la colonisation avait d'excellent venait de nous car nous avions envoyé en Afrique des chevaliers et des moines, des médecins et des bâtisseurs. Ce qu'elle a eu d'exécrable est votre œuvre puisque votre gouvernement envoyait là-bas vos pourrisseurs, votre intelligentsia démocrate, maçonnique et marxiste. »

2 — Friedrich Ritter, *Das offenbarte Leben*, édité par l'auteur, 1951. (Ed. El Sancho, Pto de la Cruz, E-Tenerife.)

souffre d'un plus fort métissage. Aux États-Unis, le métissage est heureusement encore plus potentiel que réel, mais gare à l'avenir !

On objectera qu'avec un pareil déchet, personne dans la population n'échappera à quelque tare qui, pour être légère, met déjà en cause le droit du raciste à lutter contre la dégénérescence. Nous répondrons à ce sophisme qu'un médecin, même gravement malade, peut encore rétablir ses patients et que la question n'est pas de savoir s'il existe des individus non touchés, mais simplement s'il en reste qui soient capables de combattre.[1]

- Point 33 (*Renouvellement des élites*)

Aucun système politique n'a encore su résoudre le problème du renouvellement des élites, raison pour laquelle, d'ailleurs, aucun ne s'est maintenu. Le plus satisfaisant dans les sociétés jeunes, aux lignées homogènes, la royauté, ne convient plus à nos sociétés tarées, où le fils incapable succède au père doué. Quant au plus récent et au plus funeste, la démocratie, il se maintient parce qu'il institutionnalise admirablement la décadence et permet la dictature de l'écume biologique sous le masque de l'humanitarisme et grâce à la tromperie dans la lutte électorale que cette écume est seule à pouvoir financer.

Jusqu'ici, les élites valables sont apparues au moment des catastrophes : ayant sauvé le peuple, elles avaient le droit .et le devoir de le diriger. L'une des plus prestigieuses fut la noblesse médiévale ; faute d'éliminer son déchet et de se renouveler par les éléments de valeur issus du peuple, elle ne s'est pas maintenue. Aussi les périodes bénéfiques de notre histoire n'ont signifié que de brèves rémissions dans une décadence millénaire.

La prochaine fois qu'une catastrophe aura rendu le pouvoir à l'élite biologique, celle-ci, sous peine d'échouer comme les précédentes, disposera d'une génération pour résoudre le problème

---

1 — Alexis Carrel, lui-aussi, dans ses *Réflexions sur la conduite de la vie* (Plon, Paris, 1950), met en garde contre le triomphe des « sous-hommes » : « Il y a parmi nous une catégorie d'individus qui se développent incomplètement ou de façon défectueuse : c'est un fait que beaucoup de civilisés sont dépourvus de raison. Ce problème des sous-hommes ne se posait pas à l'époque de la fondation des grandes démocraties. Ni Jefferson, ni Franklin, ni aucun des autres signataires de la Déclaration de l'indépendance ne prévoyaient que leurs descendants seraient mentalement incapables de se servir de la liberté, et que la poursuite du bonheur aboutirait à la plus tragique des catastrophes. (...) À présent, nous sommes envahis par la multitude des barbares engendrés par les nations civilisées elles-mêmes. (...) Ce grave problème des sous-hommes relève non seulement de la morale, mais de la génétique, de la physiologie et de la psychiatrie. (...) C'est la qualité de la race qui importe, la quantité ne suffit pas. »
Cela rappelle le cri d'alarme de Darwin : « Nous, hommes civilisés, nous faisons tous nos efforts pour arrêter la marche de l'élimination ... Les membres débiles des sociétés civilisées peuvent se reproduire indéfiniment. »
Le professeur Julian Huxley fait écho : « ... Il est grand temps de faire une politique mondiale de la population et de ne pas tant avoir l'œil sur la masse que sur la qualité des hommes, contrairement à ce que les hommes politiques ont fait depuis 40 ans. »
Et Carrel propose, pour refaire une race, d'arrêter tout d'abord la prolifération des sous-hommes (« ... se garder d'augmenter, par des allocations familiales mal comprises, le nombre des tuberculeux, des alcooliques, des idiots, des dégénérés qui seront une charge de plus en plus lourde pour la communauté. »), puis de favoriser la croissance de générations saines, car « il reste des souches assez bonnes pour que la régénération soit possible ». Pour cela, « la connaissance et la pratique de l'eugénisme constituent une obligation stricte. (...) Nous avons le devoir de constituer (...) des familles de valeur organique et mentale croissante, une sorte de noblesse biologique héréditaire ... ». Dans la préface, Carrel avait d'ailleurs écrit : « La société a besoin de surhommes, car elle n'est plus capable de se diriger, et la civilisation d'Occident est ébranlée jusque dans ses fondations. »

de son renouvellement. Portée au pouvoir par la révolution européenne, elle devra instaurer la révolution permanente, c'est-à-dire assurer par de dures institutions une sélection analogue à celle qu'avait exercée la grande catastrophe. Certes, il y aura une noblesse nouvelle, mais celle-ci devra refaire ses preuves à que génération, de manière à éliminer son déchet, et accueillir les valeurs issues du peuple, de manière à renouveler sa substance. Il est d'ailleurs piquant de constater, qu'outre les racistes, seuls les néotrotzkistes attaquent au problème de la révolution permanente.

• **Points 34 et 35** (*Les Blancs non aryens*)

Il est vain de regretter cette séparation ou de spéculer sur une convergence ultérieure. Nous devons tabler sur la situation présente et laisser aux générations futures le soin de considérer les changements éventuels.

Dans le cadre de la politique d'alliance et d'amitié envisagée au point 35, il conviendra notamment d'aider les ethnies blanches non aryennes à reconduire leurs allogènes (Nègres et Mongolides) sur leurs terres d'origine et de les encourager à conférer le statut de peuples-hôtes à leurs éléments les plus mêlés. Nous mettrons en outre à leur disposition notre expérience en matière de biopolitique.

• **Points 36 à 41** (*De la question juive*)

L'intérêt des ethnies blanches non aryennes, trop faibles numériquement pour subsister seules face au monde de couleur, commande l'alliance avec les Aryens ; dès lors, le désamorçage de la vieille et douloureuse « question juive » est non seulement possible, mais souhaitable pour tous. Elle comporte quelques particularités.

Aujourd'hui, l'ethnie juive n'est que partiellement sémite. Si la branche méridionale, les Séphardim, possède encore quelque 75% de sang sémite, la branche septentrionale, les Askenazim, n'en a plus guère que 25% ; en traversant le sud de l'Europe orientale, elle s'est chargée d'éléments turcotatares et baltiques orientaux puis nordiques en arrivant en Europe centrale. Le cas le plus spectaculaire fut sans conteste celui des Khazars, Turco-Tatares du sud de l'actuelle Russie, qui se convertirent au judaïsme au IXe siècle de notre ère. D'autre part, durant -tout le Moyen-Age, de nombreux persécutés : criminels, hérétiques, alchimistes et astrologues poursuivis pour sorcellerie, se réfugièrent dans les ghettos et embrassèrent le judaïsme. D'où la conséquence paradoxale que nombre de familles juives actuelles n'ont pratiquement plus une goutte de sang d'Abraham dans les veines et que certaines, même, sont tout à fait aryennes.

On imagine les graves problèmes posés par le caractère hautement composite de l'ethnie juive, à qui se présentent les options les plus difficiles. S'il ne nous appartient pas de décider à sa place, nous pouvons néanmoins indiquer celles qui répondent le mieux à ses intérêts supérieurs.

La plus urgente consisterait à renoncer au prosélytisme, même sous sa forme modérée actuelle, et à tout mariage mixte. Ces pratiques, destinées à renforcer l'influence des diasporas, ne peuvent conduire qu'à l'éclatement pur et simple du peuple juif par l'augmentation continuelle des éléments hétérogènes. Mais comme il est difficile, même au meilleur rabbin, de se faire obéir au point d'empêcher les mariages mixtes, le statut de peuple-hôte que nous proposons à la diaspora, et qui prohibe le mariage mixte, sert non seulement la communauté aryenne, mais encore plus la juive. À pratiquer le mélange, en effet, les Juifs disparaîtraient bien avant les Aryens, simplement en raison de la disproportions des effectifs en présence.

En deuxième lieu, et au fur et à mesure des occasions, il importerait que les diasporas se regroupent sur des territoires que nous les aiderons à trouver et qui Appartiendront à l'État d'Israël en toute souveraineté. Sans doute, ces territoires présenteront-ils l'inconvénient de ne pas former un seul bloc, inconvénient mineur toutefois, à l'époque des avions supersoniques. Alors seulement, devenu tout à fait nation, le peuple juif pourra se donner un régime de sélection sociale positive capable d'aboutir, dans 10 ou 15 millénaires, à une race juive homogène, se situant à mi-chemin entre la sémite de départ et l'aryenne.

- Point 42 (*De la justice sociale*)

Nous répudions ici les conceptions « hédonistes » de la justice sociale, particulièrement en honneur chez les marxistes, promettant le « bonheur » à chacun, terme aussitôt interprété comme synonyme de plaisir, de jouissance, de biens matériels, pour aboutir à tous les vices et sombrer dans les stupéfiants. Le bonheur, cet idéal sirop de framboises indigne des âmes viriles, sert de valeur suprême à la décadence moderne, donc de principal instrument de corruption. Au premier rang, il faut replacer le devoir, qui consiste précisément à sacrifier les bonheurs et, s'il le faut, la vie. Il faut réapprendre à écouter la conscience, cette voix de la race qui nous dicte le devoir et qui rend à la parole d'honneur son rôle biologique : toute victoire sur la décadence, toute reprise de l'ascension aryenne a pour condition première la solidité de la parole d'honneur.

Il ne faut pas pour autant tomber dans un puritanisme morose. La nature elle-même, ingénieuse, a instauré des plaisirs sains et des bonheurs toniques, non comme fins en soi, mais comme moyens. Sur le plan social, aux jouissances décadentes et décevantes, nous opposerons la joie naturelle, source de force psychique et physique, cette joie que donnent une bonne conscience et une vie saine. En d'autres termes, il ne s'agit pas de démolir les appareils de télévision sous prétexte qu'ils servent aujourd'hui à l'abrutissement du peuple, mais d'améliorer les programmes. Il ne s'agit pas de proscrire le luxe, mais de le dominer.

Dans le commentaire au point 33 du *Manifeste*, nous avons fait ressortir l'importance du renouvellement des élites, lequel est aussi un postulat de la justice sociale. L'individu n'a pas droit au bonheur, au bien-être, au confort et autres hochets illusoires, mais aux moyens d'accomplir son devoir, qui est de mettre ses capacités et même, dans les cas exceptionnels, son génie au service de la communauté raciale. Le savant, l'artiste, ont le devoir de créer, et la communauté a le devoir de leur en donner les moyens matériels, cette création devant viser à l'ascension biologique du peuple. À un échelon plus modeste, tel médecin-fonctionnaire préposé à la santé publique, doit avoir le droit d'imposer les mesures voulues dans la lutte contre la pollution de l'eau et de l'air, alors que, dans nos démocraties décadentes, faute de base légale, il en est réduit à des recommandations que personne n'écoute.

Enfin, il vaut la peine de le relever, la justice sociale se réalisera aussi bien par tel ordre social que par tel autre. Le problème comporte plusieurs solutions. À côté d'une foule de régimes désastreux, il en est une douzaine de satisfaisants. Évitons donc toute intransigeance sur ces modalités qui empêcherait toute collaboration avec les forces positives favorables à la solution B ou C. Néanmoins, et notamment dans sa déclaration de Barcelone, le Nouvel Ordre Européen a exprimé sa préférence pour le système corporatif, car il abrégerait la phase de mise au point, ayant d'ailleurs de nombreuses expériences historiques à son actif.

Soulignons enfin que le point 42 ne donne pas une définition parfaite de la justice sociale, mais en énonce les conditions essentielles : le service de la communauté raciale et le renouvellement des élites. En fin de compte, la notion de « justice sociale » se dégage de l'ensemble des lois sociales, dont l'élaboration, on s'en doute, représente une tâche de longue haleine dont l'achèvement s'étendra sur plusieurs générations.

• Points 46 et 47 (*Du communisme*)

Malgré la diversité croissante des communismes actuels (soviétique, chinois, yougoslave, cubain, néotrotzkiste), le point de départ reste l'erreur de l'égalité humaine. Les individus, considérés comme également doués, ont les mêmes droits et les mêmes devoirs, et il leur revient, en particulier, une part égale de « bonheur », qui doit s'accroître en proportion directe du progrès technique. Face à une masse passive et jouisseuse, renouvelée de la décadence romaine, le pouvoir n'appartient plus à des particuliers propriétaires des biens de ce monde, comme dans les ploutocraties, mais à des fonctionnaires chargés de diriger la production et l'égale » répartition des biens.

En raison de la valeur suprême proclamée (le « bonheur »), les élites communistes ne sauraient se recruter d'une manière biologiquement positive. En effet, si les technocrates, manquant d'attention, admettaient un représentant de l'élite biologique par cooptation, il s'empresserait d'attaquer les valeurs hédonistes, préconiserait la vie dure et saine, sèmerait le trouble en voulant arracher les citoyens « au pain et aux jeux du cirque », et se verrait éliminé plus ou moins brutalement. Les élites communistes, dès lors, ne peuvent qu'être supérieurement hédonistes, c'est-à-dire rechercher un plaisir morbide dans l'exercice du pouvoir pour lui-même, pouvoir fondé sur le maintien systématique du peuple dans la décadence la plus infâme.

Tel est le sens péjoratif que nous donnons au terme « technocrate », véritable pendant à celui de « ploutocrate ». Bien entendu, nous ne visons pas le petit fonctionnaire honnête, qui, aussi bien dans les régimes communistes que ploutocratiques, agit au plus près de sa conscience et, sans le vouloir, contribue par ses vertus à maintenir un système qui devrait s'effondrer. Nous ne visons même pas non plus le haut fonctionnaire qui connaît le mal et son ampleur, mais qui, se sachant seul, renonce à le combattre et garde le masque.

• Points 55 et 56 (*De la ploutocratie*)

Le capitalisme ploutocratique ou ploutocratie, se fonde, comme le communisme, sur le dogme de l'égalité humaine, et proclame que « tous les citoyens sont égaux devant la loi ». Mais le coût des procédures se charge bien vite de donner un avantage écrasant aux plus riches !... La même hypocrisie se retrouve dans le système électoral, où chaque citoyen dispose d'une voix et peut théoriquement se porter candidat. Mais le candidat riche de son seul mérite ne pourra même pas se faire connaître de ses électeurs possibles, car le moindre tract distribué dans les boites aux lettres coûte une petite fortune. Aussi, sauf accident, seul un candidat appuyé par un groupe ploutocratique — et quelle que soit son étiquette (socialiste, radical, libéral, conservateur, etc.) — aura des chances de passer. Dans les régimes ploutocratiques, les partis communistes constituent l'exception qui confirme la règle, puisqu'ils reçoivent des subsides de la Russie soviétique, à moins que leur importance comme pour le parti communiste italien depuis la deuxième guerre mondiale — ne leur confère une certaine indépendance en raison de leurs possibilités d'autofinancement.

La capacité de financer les élections servant de critère à la puissance politique, les « élites » se recruteront selon les qualités propres à conférer la richesse et dont la première est d'avoir des parents titulaires de comptes en banque bien garnis. Des mérites tels que l'esprit d'invention, le sens de la communauté ou simplement le travail et l'épargne, conduiront rarement, très rarement à la fortune. Pour un cas de ce genre, dont s'enorgueillit la littérature « libérale », on en comptera cent ou mille dans lesquels la rapacité ou la bassesse, l'absence de scrupule, la fourberie auront conduit aux millions. Pour un Ford, combien de Shylock !

Celui qui a conquis son pouvoir par le parasitisme tendra à le maintenir et à l'agrandir par le parasitisme, donc à en cultiver les conditions favorables, dont la première est une masse amorphe, déboussolée, abrutie, sans idéal autre que matériel, bref le consommateur parfait achetant n'importe quoi, par snobisme ou par stupidité. Son rôle corrupteur pourra même éclipser celui de son homologue communiste qui, au moins, une fois son pouvoir établi, perdra de sa virulence ; le parasite capitaliste, lui, ne connaîtra pas de limite, sa puissance étant fonction du nombre de millions : il vendra tout, jusqu'aux poisons pharmaceutiques, jusqu'au haschisch et, ce qui est encore pire, jusqu'aux produits culturels les plus frelatés, destinés à faire admettre une décadence fardée par les moyens de l'art.

Tel est le sens péjoratif que nous donnons au terme ploutocrate. Mais nous ne visons pas le détenteur d'une grande fortune cherchant à faire œuvre utile et qui souffre souvent de se heurter aux impitoyables limites de la concurrence. Celui-là, le destin lui réserve même le rôle décisif de donner à la révolution européenne les moyens matériels de renverser la ploutocratie.

- Point 58 (*Du parlementarisme*)

Dans les « démocraties libérales », le parlementarisme sert à masquer l'identité des vrais maîtres et à persuader le peuple de sa souveraineté. À part d'honorables exceptions, forcément très minoritaires, les députés ne tiennent pas leurs promesses électorales, car ils doivent obéissance, non aux braves gens qui les ont élus, mais aux ploutocrates qui ont financé leur élection et financeront leur réélection.

Ainsi, du fait précisément de cette hypocrisie fondamentale, le parlementarisme peut donner du souci à ses animateurs occultes. Le peuple, toujours plus mécontent des promesses jamais tenues, en arrive à « mal voter », c'est-à-dire à voter pour des candidats « sauvages » qui, parfois, malgré leur campagne insuffisante faute de moyens, remportent un succès inattendu, et cela, parce qu'on ne les connaît pas ou plutôt parce qu'on connaît trop bien les autres. Bien que le ou les quelques sauvages ne présentent, sauf exception, aucun danger pour les majorités parlementaires, leur élection, comme « signe des temps », inquiète au plus haut point les ploutocrates : on le voit par les attaques rageuses de leur presse contre les « intrus ». En effet, l'heure d'un parti « sauvage » pourrait alors sonner, obligeant les « maîtres » à laisser tomber le masque « démocratique » et à proclamer un quelconque état d'exception, annulant ou ajournant un vote défavorable.

Il est capital d'exploiter ce point faible, de manière à obliger les ploutocrates à recourir les premiers à la violence.

- Point 59 (*De la démocratie*)

Un gouvernement « par le peuple » étant une impossibilité technique (il y aura sous tous les régimes, même à étiquette démocratique, une minorité aux leviers de commande et une majorité qui n'a rien à dire), reste à savoir si et quand on trouvera un gouvernement « pour le peuple ». Or un tel gouvernement ne saurait se rencontrer dans les démocraties ploutocratiques ou communistes, car ces régimes reposent sur des valeurs décadentes, tel le culte du « bien-être », de « l'auge » lesquelles font nécessairement dégénérer le peuple. Seul un régime social-raciste gouvernera « pour le peuple ».

Dès lors, certains voudraient que le social-racisme, lui aussi, se proclame démocratique, mais « véritablement démocratique ». Outre que le terme « démocratie » traîne depuis deux siècles dans la fange, il y a une malhonnêteté indigne de notre cause à jouer sur les mots « par le peuple » et « pour le peuple » et à laisser croire aux citoyens qu'ils sont égaux et souverains.[1]

---

1 — R. Poulet voyait juste, lorsqu'il écrivait : « Ce qui cause la fureur particulière avec laquelle les pen-

- Point 65 (*Les Aryens d'outre-mer*)

Il y a là une simple vraisemblance fondée sur la plus grande homogénéité géographique des Aryens d'Europe : les allogènes n'y atteignent pas 10%, et de loin, comme les Nègres d'Amérique. Les États-Unis, par exemple, avec leurs allogènes noirs et jaunes, avec leur puissante colonie juive qui appuie systématiquement l'antiracisme et favorise le métissage pour les autres, auront davantage de peine à faire leur révolution sociale-raciste. Quant l'Australie, presque totalement aryenne, ses faibles effectifs comme sa situation excentrique limiteraient beaucoup le rayonnement d'une révolution, sans compter le danger d'une intervention armée des États-Unis pour « sauver la démocratie ».

S'agissant ici d'une probabilité, les forces aryennes d'outre-mer doivent poursuivre leur combat. La pire erreur consisterait à attendre passivement le salut d'Europe. Mais elles devraient, à côté de leurs tâches ordinaires, contribuer à la diffusion du social-racisme en Europe. Et cela tout d'abord en éditant en français et en allemand leurs textes racistes d'avant-garde (l'anglais ne pénètre pas plus loin que les îles Britanniques).

- Point 71 (*Les non-Aryens d'Europe*)

Précisons, à la lumière des Déclarations du Nouvel Ordre Européen, que les ethnies blanches non aryennes admises à rester sont uniquement celles dont la résidence remonte à de nombreux siècles. Il est clair que les Nord-Africains de France, fraîchement importés, seront reconduits. Les Gitans, eux, resteront. Quant aux Juifs, ils constituent un cas limite, puisque leur immigration est, pour une part, ancienne, pour l'autre, moderne. Les faire bénéficier du statut de peuple-hôte constituerait sans conteste une mesure de faveur à côté de celles prévues au point 40. Ce traitement se justifie pour autant que le peuple juif se prête à une solution amiable ; si, au contraire, il combattait la révolution européenne, il n'y aurait plus aucune raison de lui accorder ce privilège.

Si nous considérons la situation des Aryens d'outre-mer, le problème devient plus complexe. Aux États-Unis, le rapatriement des Nègres et des Jaunes offrira de plus grandes difficultés techniques. Celle des Peaux-Rouges n'entre pas en ligne de compte : ils sont déjà chez eux. Un statut d'autochtones (le terme de peuple-hôte étant inutilisable) assurera leur protection et empêchera les mariages mixtes. Nous retrouvons d'ailleurs le même problème en Argentine pour la majorité aryenne. Quant aux pays à minorité aryenne d'Amérique centrale ou du sud, une étude très exacte de chaque cas s'impose, pouvant conduire à des mesures à très longue échéance.

- Point 74 (*De la biopolitique en général*)

Pour l'essentiel, nous prions le lecteur de se reporter au *Précis de Biopolitique* de Jacques de Mahieu, déjà cité dans notre « avertissement ».[1]

---

seurs et les politiques d'aujourd'hui repoussent toute considération de race, ce n'est pas le souvenir des querelles et des crimes qu'à inspirés cette idée, car bien d'autres idées en ont provoqué tout autant. Mais on sent que si l'on reconnaît entre les hommes des différences essentielles, toute l'entreprise engagée par la science contemporaine pour construire une société universelle, fondée sur l'égalitarisme, échoue lamentablement. » (*Contre la Plèbe*, p. 83, Ed. Denoël, Paris, 1967.)

Déjà en 1872, Amiel prévoyait : « L'âge de la majorité baissera, la barrière du sexe tombera, et la démocratie arrivera à l'absurde en remettant la décision des plus grandes choses aux plus incapables. »

1 — Un esprit libre comme Jean Rostand a su reconnaître la nécessité d'une politique biologique : « ... Cela ne m'empêcherait pas d'essayer tout de même d'améliorer l'espèce humaine. Je trouve que si l'anormal est né, il faut le respecter, mais j'aimerais mieux éviter qu'il naisse. Je ne suis pas contre une eugé-

La mise au point de la politique biologique ne sera d'ailleurs pas l'œuvre d'une seule génération. Aussi nous bornerons-nous à souligner les principes généraux dont elle doit s'inspirer : favoriser la reproduction des mutants favorables et enrayer celle des défavorables ; promouvoir un mode de vie saine et dure permettant aux mutants favorables de se révéler et à un éventuel mécanisme lamarckien d'intervenir.

Bien entendu, il conviendra d'éviter certains extrêmes ridicules dans le milieu actuel (polygamie, insémination artificielle) pour les abandonner à l'« initiative privée ».

- Point 76 (*Mariages mixtes existants*)

Ces mesures, très larges et destinées à sauvegarder les droits acquis de bonne foi, nous vaudront le reproche de manquer à notre devoir en tolérant l'infiltration de sang non aryen par l'octroi de la citoyenneté européenne aux enfants issus de mariages mixtes lorsque le père est aryen.

En réalité, l'inconvénient se limite à une seule génération, puisque les mariages mixtes sont désormais prohibés et que seules les unions existantes subsistent. Et une autre limitation intervient : les enfants issus de mariages mixtes lorsque la mère est aryenne ne bénéficient pas de la citoyenneté européenne. Cette distinction fondée sur les usages en matière de patronymes exclut déjà 50% des cas. En outre, la faculté d'opter pour l'appartenance au peuple-hôte réduira encore cet inconvénient, car un certain nombre en feront usage pour éviter le service militaire.

Ainsi, par une concession supportable, nous évitons de graves réactions car on n'admettrait pas qu'on veuille séparer des conjoints ou leur arracher leurs enfants.

Dans ce cas, comme dans d'autres, un peu de doigté assurera la réalisation de l'essentiel, alors que les « maximalistes », en exigeant des réalisations inutilement intégrales, saboteront toujours toutes les politiques.

- Point 77 (*Sélection directe*)

Il s'ensuit que, pour un citoyen sans droit au mariage, la procréation constitue un délit passible des peines légales. Dans les cas graves, par exemple si l'enfant est affligé de tares indubitables ou s'il s'agit d'une récidive, le juge prononcera la stérilisation.

Sans vouloir entrer dans le détail d'une législation tenant compte d'une réalité forcément complexe, retenons le principe de tendre à l'effet maximum avec le minimum de sévérité. Il ne faut pas, en effet, que l'homme moyen y sente une menace, sous peine de déclencher de dangereux réflexes. C'est dire que la sélection directe, même assouplie, ne saurait frapper plus de 5% d'une classe d'âge donnée, l'idéal se situant autour de 3%. Aussi devra-t-elle s'étendre sur plusieurs siècles avant d'annuler la dégénérescence actuelle. D'où la nécessité de la renforcer par la sélection indirecte.

- Point 79 (*Sélection indirecte*)

En veillant à ce que la promotion sociale dépende des capacités et du caractère, on instaure du même coup une sélection sensible, semblable, mais de signe contraire, à l'antisélection exercée par les régimes ploutocommunistes. Depuis Nietzsche et Vacher de Lapouge, le rôle biologique des structures sociales et des valeurs morales dominantes est connu, bien qu'insuffisamment, pour beaucoup d'auteurs. Telle hiérarchie, telles valeurs dominantes, ont pour effet de rejeter les individus ne répondant pas assez aux critères de cette hiérarchie ou aux exigences de

---

nique qui empêcherait l'anormal de naître et même protégerait les super-normaux. » (« *Nouvelles Littéraires* », 19 mars 1970.)

ces valeurs, dans une catégorie diffamée, catégorie sociale dont chacun s'efforcera de s'évader et au sein de laquelle, par conséquent, mariage et procréation seront inférieurs à la moyenne. (Ce n'est que dans la couche la plus basse, pour laquelle aucun espoir d'évasion ne subsiste, que se produit le phénomène contraire de la prolifération.) Le mécanisme puissant qui, dans les démocraties, rejette l'élite biologique au niveau de la lie et tend à la faire disparaître, jouera, en régime social-raciste, au profit de l'élite véritable en refoulant sur la lie l'écume des parasites de tout ordre, jusqu'aux actuels requins de la haute finance, et fera peser sur eux ce mépris social qui les isolera et les détruira.

D'autre part, la mise en place des diverses mesures de politique sociale permet de considérer leur effet sélectif. À titre d'exemple : les allocations familiales. Les supprimer est impossible dans une société moderne hautement industrialisée, sous peine d'instaurer une prime indirecte au célibat. Il faut simplement en régler les modalités de manière à encourager les éléments de valeur. Ainsi, telle récompense pour services rendus prendrait la forme d'une prime au prochain enfant ... On aura compris que la plupart des mesures de politique sociale, dans leurs modalités, peuvent et doivent tenir compte de l'utilité sélective.

- Point 83 (*La déviation réactionnaire*)

Parfois, cette déviation réclame l'intangibilité de la propriété, fruit du travail et de l'épargne. C'est méconnaître que la propriété privée subsiste grâce à l'État, qui la protège contre les ennemis intérieurs et extérieurs. Aussi est-il normal de lui faire payer cette protection. Si vous entreposez une marchandise, vous devez payer. Il en va de même de la propriété privée envers l'État, et cela d'autant plus qu'en cas de guerre elle est garantie par le sang des soldats, ce qui signifie quelque chose à notre époque. Naturellement, l'imposition directe ou indirecte de la propriété privée ne doit pas prendre une ampleur prohibitive, et l'épargne doit demeurer avantageuse.

- Point 88 (*La déviation typiste*)

La variante la plus connue de cette déviation est le nordisme. Ses partisans limitent la communauté raciale au type nordique et se proposent de l'ériger autant que possible en un État. Les autres types aryens se trouveraient exclus au même titre que les Sémites ou les Nègres. Les différences entre les Nordiques et les autres types sont jugées inacceptables.

Le principal inconvénient de la déviation réside dans l'insuffisance numérique de la nation à constituer. En effet, à supposer réunis les dolichocéphales blonds d'Europe, l'effectif s'élève à peine à 150 millions. De plus, cet État nouveau présuppose des bouleversements territoriaux : séparation de l'Allemagne du sud en raison de sa composante alpine, rattachement de la Normandie (enlevée à la France) à l'État nordique qui englobera la Flandre en rejetant la Wallonie, prendra les zones blondes d Grande-Bretagne, les Pays-Bas, le Danemark, la Suède et la Norvège. Richelieu et Bismarck réunis ploieraient sous une pareille tâche.

Or un bloc de 200 millions, comme l'URSS ou les États-Unis, ne suffit potentiellement déjà plus à affronter 800 millions de Jaunes qui vont revendiquer la planète comme espace vital. Se fixer un but politique de 150 millions d'hommes est aujourd'hui un suicide pur et simple.

D'autre part, le cas des régions européennes où les Nordiques se sont alliés à d'autres types aryens illustre la réussite du « mélange ». Les Prussiens, dont la qualité de mixo-variation entre Nordiques et Baltiques orientaux (déjà présumée au vu de leur indice céphalique) est confirmée par les groupes sanguins[1], ont brillé par leur valeur militaire, leur ténacité et leur apport culturel (exemples typiques : Kant et Schopenhauer). Les Allemands du sud, issus des Nordiques et des Alpins, connus pour leur naturel gai et avenant, ne présentent aucune trace du déchirement des métis (exemple culturel : Goethe). Les Catalans, Nordico-Sud-Occidentaux, peuple travailleur et fier, ont produit un Maillol et un Gaudi. Quand au « mélange » nordico-dinarique, il se limite à quelques régions montagneuses comme le Tyrol et donnent une population dont la forte personnalité n'est plus à démontrer.

Certes, les « Nordistes » tirent argument de la présence d'éléments non aryens dans le sud de l'Europe pour refuser le contact. Mais cet argument ne vaut pas envers le social-racisme qui, par le rapatriement des allogènes et le statut des peuples-hôtes, empêchera le mélange avec ces éléments.

• Point 91 (*La déviation ethniste*)

Nous ne visons en aucune manière les légitimes aspirations des petites ethnies à une autonomie garantissant leur intégrité et leur vie culturelle, mais simplement que l'aberration de vouloir les constituer en États souverains. Vu leurs dimensions dérisoires (Bretagne, Catalogne, Pays basque, etc.), leur souveraineté serait purement fictive. La souveraineté de l'Allemagne, protectorat américain, n'existe plus ; celle de la France n'est que l'ombre d'elle-même ; celle de la Grande-Bretagne, une peau de chagrin.

Il faut d'abord faire l'Europe. Alors seulement, la mise en place d'autonomies judicieuses (et non de souverainetés) ne signifiera pas une atomisation de notre continent. Ce point admis, nous reconnaissons que la plupart des ethnies minoritaires d'Europe sont brimées et qu'une révision est nécessaire.

• Point 92 (*La déviation nationalitariste*)

Il existe un nationalisme légitime : celui de défendre la communauté imposée par l'histoire afin d'en protéger les valeurs biologiques. Même si la nation n'est point parfaite, elle a le mérite d'exister et de fournir des possibilités d'action immédiate qu'il est réaliste de saisir.

Ce nationalisme ne s'opposera jamais à des cessions de souveraineté à un ensemble plus grand, seul capable d'une politique mondiale.

Le nationalitarisme, lui, refuse tout sacrifice. Il présentera l'Europe comme la fin des nations : abolition des frontières, brassage ethnique, confusion des langues, e t cela pour un nouvel ensemble aux limites géographiques imprécises, sans unité raciale (le sophisme consiste à faire la même différence entre races-types qu'entre grand-races), culturelle ni politique (ces deux termes sont pris dans leur acception décadente actuelle, et non dans celle que leur donnera la révolution européenne).

En réalité, les nations, avec les retouches nécessaires à la sauvegarde des ethnies, subsisteront au sein d'une Confédération. Leur souveraineté, certes, sera limitée, mais réelle, alors que, sans l'Europe, elle est pratiquement fictive. Plus perméables, les frontières resteront dans ce qu'elles ont d'utile, une réglementation adéquate empêchera le brassage ethnique comme la confusion des langues. L'Europe aura peut-être d'abord des limites fortuites, mais elle défendra la race

---

1 — Séries sérologiques dans l'ordre de succession :

	AB	A	B	O
Allemands de Hambourg..... :	4,0	43,0	13,0	40,0
Allemands de Königsberg.... :	6,3	42,0	17,3	34,4
Russes de Leningrad........ :	9,0	39,5	23,0	28,5

aryenne dans le monde entier. Sa culture présentera une diversité harmonieuse et la révolution européenne veillera à l'unité politique.

Le nationalitaire, visiblement, ignore ou veut ignorer qu'il y a sur notre planète trois États souverains : les États-Unis, l'URSS et la Chine communiste ; quelques États mi-souverains et un grand nombre de protectorats. Il vit dans le passé. Il perdra tout en voulant tout garder.

CONCLUSION GÉNÉRALE DE 1971

Nous n'avons pas voulu épuiser le sujet, mais simplement compléter le *Manifeste social-raciste* en attirant l'attention sur les aspects importants qui en découlent.

Tout d'abord, la position du problème a montré que le social-racisme, loin d'être une doctrine philosophico-religieuse en concurrence avec les autres, se fonde sur les lois scientifiques les mieux établies et s'adresse aux croyants comme aux incroyants qui possèdent encore le minimum d'instincts vitaux nécessaires à la lutte contre la décadence. Ensuite, nolis avons évoqué les résultats de la biologie de l'hérédité, et notamment les méthodes et les travaux qui ont mis l'hérédité psychique en évidence. Puis nous avons vu pourquoi l'évolution biologique en général, humaine en particulier, peut signifier un déclin ou une ascension et pourquoi, par conséquent, elle est entre nos mains. Enfin, nous avons répondu à quelques objections générales très courantes.

La lecture du *Manifeste social-raciste* vous a donné une vue d'ensemble des positions du Nouvel Ordre Européen, qui sont aussi, du moins pour la plus grande part, celles du social-racisme actuel. Mais ce manifeste, de dimensions réduites, ne pouvait répondre aux nombreuses questions surgies dans l'esprit du lecteur.

Aussi, le commentaire proprement dit s'efforce-t-il d'y suppléer, certes dans une mesure fragmentaire, en tenant compte d'abord des aspects logiques et méthodologiques, mais aussi sur la base de nombreuses réactions de lecteurs du manifeste. Nous avons sans aucun doute laissé de côté de nombreux points capitaux, soit pour ne pas en avoir encore aperçu toute l'importance, soit en raison des limites du présent ouvrage. Aussi serions-nous heureux de voir d'autres racistes compléter les perspectives ébauchées. En particulier, l'apport d'auteurs du Nouveau-Monde serait décisif, vu notre connaissance imparfaite de la situation américaine comme de la littérature de langue anglaise. Aussi, tout en remerciant nos amis canadiens de l'Institut Supérieur des Sciences psychosomatiques, biologiques et raciales d'avoir bien voulu nous réserver leur deuxième publication (ce qui a permis de prendre appui sur l'ouvrage de Jacques de Mahieu), nous formons le vœu qu'un livre ultérieur de cette série vienne compléter nos vues dans une perspective américaine.

À ce propos, il est inévitable que, né en Europe, aux prises avec la décadence européenne, le Nouvel Ordre Européen voie les problèmes sous un autre jour ; mais le fond commun fourni par la race Aryenne suffit à créer l'identité des problèmes malgré la différence de leurs formes. Les Aryens d'Amérique et d'Europe, séparés par l'Atlantique et par la diversité de leur décadence respective, ont en commun les vertus aryennes de départ, et, en la personne de leurs racistes, la volonté de ramener leur race sur le chemin de l'ascension biologique. Mais pour que ces chemins ne divergent pas, les racistes des deux Mondes doivent collaborer. Et rappelons ici la proposition de notre camarade disparu, le Dr Gelny, demandant la création d'un Conseil biologique de la race blanche aryenne, destiné à maintenir l'unité dans la biopolitique. En attendant la concrétisation d'une biopolitique, et pour la préparer, compte tenu des différentes situations de départ, un Congrès Raciste Mondial pourrait et devrait se mettre au travail aujourd'hui déjà[1].

L'aspect fragmentaire du présent ouvrage sera quelque peu compensé par la bibliographie donnée en note, prolongeant ses perspectives, et à laquelle le lecteur peut se reporter. De même, une bibliographie générale, la fin du livre, suggérera des lectures en rapport avec l'ensemble des sujets. Et ici, nous nous excusons à l'avance de nos omissions.

Une parenthèse pour énoncer encore un vœu : promouvoir dans toute la mesure du possible la traduction des principaux ouvrages racistes (ou importants pour le racisme) dans les principales langues : française, anglaise, espagnole, allemande et italienne. Sans quoi, nous allons à des évolutions doctrinales séparées par zone linguistique et, finalement, à des biopolitiques divergentes.

Tout en demeurant dans l'actualité du racisme aryen, nous nous sommes efforcés d'envisager l'avenir de manière à découvrir ou à perfectionner les armes spirituelles vitales.

Et ici, nous le sentons bien, certains nous trouveront trop pessimistes et d'autres trop optimistes. Revenons donc sur la menace que constituent les civilisations ploutocratiques avancées.

Leur nocivité réside dans le fait que leurs structures sociales sont uniquement déterminées par la loi du profit. Non du profit pour l'ensemble du peuple — ce qui réintroduirait quelques critères biologiquement positifs — mais du profit pour la seule grosse industrie, parce qu'elle est seule en mesure de tirer les ficelles du pantin démocratique. Comme les plouto-démocraties fonctionnent au gré du bilan des géants industriels, une concordance avec les impératifs biopolitiques est très rare.

Ainsi, pendant des générations, on a vendu des millions d'automobiles sans le moindre souci de la pollution de l'air ; on a installé des usines polluantes en amont des meilleurs cours d'eau dans le mépris le plus parfait des consommateurs situés en aval ; les trusts chimiques inondent le marché de produits insuffisamment vérifiés car ils ne sauraient attendre les quelque trente ans nécessaires à découvrir leurs effets lointains : c'est aujourd'hui qu'on entend comptabiliser les bénéfices ; en cas d'accident, on indemnisera les victimes ou leurs survivants, généreusement même, et on y gagnera encore, car, pour une catastrophe immédiate, genre thalidomide, combien y aura-t-il de désastres lointains hors d'état d'influencer le bilan actuel, donc hautement bénéfiques ?... On a inventé le travail à la chaîne : il transforme l'homme en robot, il sélectionne la brute spécialisée dans un seul geste, pour aboutir un jour à un sous-prolétariat bestialisé, ce qui n'a aucune importance en regard du bilan ! On propage les loisirs passifs et la presse, la radio, la télévision se conjuguent pour empêcher de réfléchir ; on transforme toujours plus l'homme en un consommateur conditionné, en un drogué de la civilisation technique achetant tous les articles propres à combler le vide de son âme. Comme cela offre de merveilleuses incidences sur le chiffre d'affaires ! On adore en l'usine géante des temps modernes un nouveau Moloch. Du sang dans les engrenages ? Ce n'est rien : c'est la race qu'on sacrifie[2] !

---

1 — Comme l'a d'ailleurs proposé le Mouvement Celtique du Québec, lors de la Xe assemblée du Nouvel Ordre Européen, en avril 1969.

2 — Sur les aberrations de la ploutocratie industrielle avancée, voir Günther Schwab, *Der Tanz mit*

Nous avons déjà signalé l'antisélection par les structures sociales ploutocratiques (commentaire, points 7 et 32). À côté de l'effet permanent de la « sélection du plus requin », l'accélération du progrès technique bouleverse toujours plus notre milieu, instaurant une « sélection du plus robot ». Nous allons ainsi vers une nouvelle classe de maîtres, et quels maîtres ! et vers une nouvelle classe d'esclaves, et quels esclaves ! En prolongeant ces perspectives et en faisant momentanément abstraction des dangers externes, nous pouvons pressentir les formes de la « mort par pourriture » à laquelle conduit la ploutocratie industrielle.

Par bonheur, si l'on peut dire, cette éventualité n'a pas encore beaucoup de chances de se réaliser. Car les nouveaux barbares que sont les Jaunes, et qui vont disposer de la bombe à hydrogène opérationnelle, n'attendront pas, pour balayer les Aryens dégénérés, que ceux-ci aient atteint les derniers degrés de la décomposition physique et morale. Sur ce point, nous devons nous avouer très optimistes, car en effet, sans aucune ironie, c'est ici que commence l'optimisme. Sauf danger externe, les ploutodémocrates peuvent mettre tous leurs soins à museler les forces saines, comme ils le font depuis vingt-cinq ans, le jour où ils sentiront le couteau chinois sur leur gorge, bien des choses changeront. Peut-être nous supplieront-ils même, nous autres racistes, de les tirer de ce mauvais pas. Ayant d'autres soucis, du moins devront-ils nous tolérer. Devant un péril imminent, nos peuples narcotisés sortiront de leur torpeur et l'heure du social-racisme sonnera.

Encore faut-il que nous posions des jalons dès à présent, que notre diffusion d'idées, dirigée d'abord sur les élites biologiques, pénètre suffisamment aujourd'hui pour permettre demain une rapide exploitation politique de conditions favorables.

Aux pessimistes qui jugent le mal sans remède, qui voient dans le progrès technique un facteur nocif irréversible, disons simplement ceci : votre opinion serait soutenable si vous vous trouviez déjà au royaume des morts ; étant en vie, vous pouvez combattre, à moins que votre pessimisme ne vous serve en réalité d'oreiller de paresse. Quant au progrès technique, c'est un simple instrument : il vaut ce que valent ses utilisateurs. Son actuelle nocivité, vient de ce qu'il se trouve entre les mains de l'écume biologique. Le seul problème est de le lui arracher et de la replacer au service de la race.

Une autre catégorie de pessimistes voit dans l'esprit » (hypertrophié chez l'homme en général et chez l'Aryen en particulier) la cause d'un inéluctable déclin. Par l'esprit — par le développement de ses facultés cérébrales — l'homme a voulu vaincre la nature et mettre fin à la sélection. Dès cet instant, la science n'a eu d'autre but que de maintenir d'abord l'individu en vie, ensuite dans un confort décadent. Sa dégénérescence s'amorce alors, et l'esprit le conduira, pour finir, à sa propre destruction : depuis la fin de l'époque glaciaire, la capacité crânienne de l'homme a déjà diminué de 200 cm^3. L'agonie du « dernier homme », écrasé sous ses tares, approche.

De manière analogue, objectons ceci à ces pessimistes : l'esprit, cet ordinateur, est lui aussi un simple instrument. Il vaut ce que valent les instincts qui le dirigent. Certes naïvement et comme poussé par le démon du « progrès » antibiologique, il a arrêté la sélection naturelle. Encore ignorant, il n'en a pas prévu les conséquences : le déchet biologique. Et s'il se montre si néfaste à l'heure actuelle, c'est que la décadence l'a pris à son service. Mais l'élite biologique, réprimée, déclassée, possède la même arme : le cerveau. Et si nos pessimistes s'en servent pour combattre la décadence, ils contribuent à replacer les sciences et les techniques au service de la race. L'esprit qui, voici douze ou quinze millénaires, a tenté de vaincre la nature, peut, par la biopolitique, réintroduire une sélection, raisonnée certes, mais prolongeant l'ascension instau-

---

dem Teufel, Editions das Bergland-Buch, Salzbourg, 1958, et sa traduction française « *La danse avec le Diable* », le Courrier du Livre, 21 rue de Seine, Paris, 6e, 1968.

rée par la sélection naturelle.

D'autres pessimistes encore, nostalgiques de cette sélection naturelle, rêvent d'un retour à l'époque héroïque de la préhistoire, mais ils en comprennent l'impossibilité, non seulement d'ordre technique mais surtout en raison de l'auto-domestication humaine réalisée depuis lors et qui a déjà profondément altéré les instincts de la splendide brute des premiers âges. Plus de héros, plus d'honneur, plus de grandeur : le monde moderne déshérité et ignoble court à sa perte. Aucun espoir n'est permis.

Ce pessimisme concernant les valeurs, empreint d'un romantisme des paradis perdus, ignore que la biopolitique doit partir des instincts actuels, des valeurs biologiques ou des tares aujourd'hui présentes dans notre race. Dans notre actualité raciale, il s'agit de déceler ce qui est viable, ce qui peut servir de pont, non vers l'homme préhistorique, mais vers le surhomme dont rêvait Nietzsche, vers un nouvel héroïsme, vers une nouvelle conception de l'honneur et du devoir. Siegfried est un symbole, il n'est pas un but. Ou, si l'on veut, le Siegfried de l'avenir aura un autre visage, son courage une autre forme, mais, tel celui de Wagner, il sera prêt à jeter sa vie comme une motte de terre, afin d'assurer le règne des valeurs nouvelles sur le monde. En d'autres termes, nous autres racistes d'aujourd'hui, nous devons nous inspirer de ce qui nous reste des valeurs du premier Siegfried pour pressentir ce que seront celles du second et pour façonner l'homme moderne, si misérable, si indigne, avec le ciseau de la biopolitique : nous savons que du bloc informe actuel surgira le surhomme. Notre rôle est de descendre au fond de la décadence, au fond de l'ignoble et de préparer une ascension que nous ne verrons pas, mais qui, sans nous, n'aurait pas lieu.

D'une manière générale, les pessimistes du déclin condamnent des réalités en elles-mêmes innocentes : la société industrielle, le progrès technique, l'esprit, la culture, la civilisation, l'État (le « plus froid des monstres froids »). Autant d'instruments, ou, si l'on veut, autant d'armes. Leur nocivité actuelle vient de ce qu'elles se trouvent aux mains du déchet biologique. Et nos pessimistes n'ont précisément pas aperçu l'immense utilité de ces réalités une fois placées entre les mains de l'élite biologique ... Ou bien ils pleurent d'inaccessibles paradis perdus au lieu de s'entraîner à vivre malgré la pourriture moderne, comme le devoir ordonne de le faire.

Pour revenir à la ploutocratie industrielle avancée, puisque voilà notre champ de bataille, il est encore d'autres raisons de persévérer : les contradictions internes de cette ploutocratie. À titre d'exemple, l'industrie en expansion a besoin d'une main-d'œuvre toujours plus nombreuse. Mais les trusts chimiques, soucieux de bénéfices, lancent la pilule anticonceptionnelle qui, limitant les naissances, va justement limiter cette main-d'œuvre si désirée. D'autre part, le besoin croissant de personnel spécialisé, scientifique, conduit à donner à ce personnel des pouvoirs de fait tout en lui refusant l'accès aux profits. Aussi, la ploutocratie se voit-elle menacée par une révolution technocratique aboutissant à des structures voisines de celles du communisme. En outre, la multiplicité des industries mal coordonnées, dans les démocraties libérales, conduirait à des divergences entre ploutocrates, si l'expansion générale ne les mettait constamment d'accord. Or cette expansion aurait déjà débouché sur une crise de surproduction sans la course aux armements et sans l' « aide aux pays en voie de développement ». Comme l'une et l'autre, pour des raisons diverses, ne sauraient s'éterniser sous peine d'inconvénients graves, la surproduction, trop tôt déclarée vaincue, demeure l'une des grandes perspectives, parce qu'inhérente à la ploutocratie qui ne distribue pas sous forme de salaires le pouvoir d'achat voulu pour résorber les biens jetés sur le marché. Or, un ralentissement ou un arrêt de l'expansion ferait immédiatement éclater les oppositions latentes entre industriels, contraints de tirer à la courte paille ceux qu'on va manger et qui, avant de disparaître, appuieront les mouvements d'opposition non marxistes.

On a compris : ces contradictions internes, déjà visibles en partie, constituent des lézardes dans le système, et sont pour nous des raisons d'optimisme à condition de les exploiter. Mais que peut un individu isolé, simple grain de sable sur la plage, inconnu, sans autre moyen que nos idées ? — Ceci :

— diffuser ces idées d'homme à homme ;

— dans les pays où existent des mouvements d'opposition non marxistes offrant un minimum de points communs avec le social-racisme, appuyer ces mouvements tout en cherchant à augmenter les points communs ;

— dans les pays où de tels mouvements n'existent pas, en promouvoir la création ;

— soutenir les journaux, revues ou éditeurs propageant entièrement ou en partie les thèses sociales-racistes.

Comme on l'a remarqué, nous adressant à des lecteurs de la zone ploutocratique et examinant leurs possibilités d'action, nous n'avons pas envisagé le développement du social-racisme en terre communiste, par exemple soviétique. Nos informations sur de telles tendances sont nulles, et le bon sens nous dit que, si elles existent, elles observent la plus stricte clandestinité. Certes, tout peut changer, et vite. Mais il paraît peu vraisemblable, à observer les maîtres du Kremlin et notamment le peu de génie que semble exprimer la face épaisse d'un Breschnev, de voir les équipes soviétiques actuelles tirer en temps utile les conclusions géopolitiques du péril jaune et prendre conscience des impératifs de défense de la race aryenne. Il semble probable que la Russie doive perdre la Sibérie avant de rompre le carcan marxiste et de réviser sa politique étrangère : s'allier avec les peuples d'Occident et, avec eux, reconquérir la terre de peuplement prédestinée pour les Aryens d'Europe. Tous ces aspects, plus problématiques les uns que les autres, s'ils empêchent pour l'heure des déductions sûres, commandent d'autant plus une attentive observation de la vie politique et culturelle russe. Les lois de la vie, plus fortes que les dialectiques sophistiquées, peuvent se faire entendre au moment même où tout semble perdu — en Russie comme ailleurs.

C'est pourquoi nous appelons les Aryens du monde entier à s'unir autour du drapeau de leur race.

ÉPILOGUE

Des enfants jouent sur la plage. Ils croient instinctivement au soleil et à la vie. En réalité, le soleil se voile, les nuages deviennent noirs. Les enfants jouent. Et déjà la mort étend la main sur eux.

Trop longtemps, nos peuples ont méconnu la menace. Mais aujourd'hui, à l'heure la plus sombre, une poignée d'hommes encore ignorés savent. Ils voient le danger et connaissent le remède. Tel est le fait formidable du XXe siècle. Jusqu'ici, la race courait à sa perte par ignorance. Aujourd'hui, alors que tout semble perdu, le savoir est venu.

« Écris avec ton sang, et tu verras que le sang est esprit », disait Nietzsche.

Cela signifie : que les préoccupations les plus douloureuses, les nostalgies les plus poignantes, doivent marquer la création culturelle. Pour nous, ces paroles flamboient encore d'un second sens : La création culturelle doit exprimer la race — le sang au second sens du terme, et sa valeur suprême : l'honneur.

L'honneur ne s'enseigne pas. Il est la voix du dieu intérieur. Mais il exige de nous un comportement, une attitude. Il est l'instance dernière. Et il ordonne le combat.

Impossible ? Difficile ? — S'il ne demeure qu'une chance sur un million, le devoir est clair, la route droite. Il faut tenter cette chance.

Il faut que les âmes se lèvent et se rassemblent autour du drapeau de nos buts suprêmes. Le drapeau de notre race menacée, de notre Europe asservie, de notre culture agonisante. Le drapeau d'un ordre social de justice et d'honneur, d'une humanité au regard de soleil, clair et loyal.

Nous demanderons à Maurice Bardèche de prononcer les paroles qui nous accompagneront :

Credo de l'homme blanc

Je crois en l'homme blanc, non parce qu'il a créé les machines et les banques, mais parce qu'il a proclamé que le courage et la loyauté étaient les plus grandes qualités de l'homme.

Tout ce qui favorise et exalte les qualités viriles et chevaleresques de l'homme s'appelle civilisation : tout ce qui les dégrade et les ravale s'appelle décadence.

Tout homme, tout événement, toute situation qui aident l'homme d'Occident à être le juge entre les hommes est bon, tout homme, tout événement, toute situation qui diminuent le pouvoir de l'homme d'Occident sur les forces obscures est un malheur.

De ces principes, les esprits logiques ont pu tirer les conséquences suivantes :

La défaite de l'Allemagne en 1945 est la plus grande catastrophe des temps modernes.

L'abandon volontaire de la moitié de l'Europe à un pharaonisme asiatique fondé sur l'esclavage et la terreur est un crime politique.

L'institution de la dissidence et de la rébellion comme principes de la légitimité politique ne peuvent amener dans l'avenir que d'autres dissidences et d'autres rébellions.

La campagne systématique de calomnies et de haine menée contre l'énergie, la discipline, le désintéressement est un attentat contre les valeurs les plus précieuses de la civilisation d'Occident.

L'exaltation systématique des races étrangères à l'esprit de la civilisation occidentale et la prétention de leur confier un rôle important dans la politique mondiale est un danger grave pour l'Occident et en même temps pour ces races mimes qui sont incapables d'assumer le rôle qu'on leur destine.

Maurice BARDÈCHE.

(Extrait de « *Défense de l'Occident* » n° 35, septembre 1963, 13, rue des Montibœufs, Paris 20ᵉ)

APPENDICE
(1987)

D'abord des remarques complémentaires, notamment suggérées par des lettres de lecteurs.

• Page 17

Le « *Petit Larousse* » de 1949 indiquait, sous « racisme » : « Théorie qui tend à préserver l'unité de la race dans une nation. » Ce qui revient à dire que les nations européennes doivent rester blanches. Cette définition, objective, est acceptable bien qu'incomplète.

Prenons maintenant le « *Petit Larousse* » de 1974, sous « racisme » : « Système qui affirme la supériorité d'un groupe racial sur les autres, en préconisant, en particulier, la séparation de ceux-ci à l'intérieur d'un pays (ségrégation raciale) ou même en visant à l'extermination d'une minorité (racisme antisémite des nazis). »

La malveillance de la nouvelle définition montre clairement que nos adversaires sont intervenus auprès de la rédaction.

Nous contestons évidemment toutes les définitions tendancieuses de ce type. Le racisme consiste à travailler à la survie de la race à laquelle on appartient. Il n'affirme aucune supériorité ni ne veut asservir ou exterminer d'autres. Il est une simple légitime défense.

• Page 32,1

Le code génétique est inscrit dans une gigantesque molécule d'ADN semblable à une échelle de corde enroulée à la manière d'un escalier en colimaçon. On l'a déchiffré pour certains organismes simples. Ainsi, le virus bactériophage $\Phi X174$ comporte 5 375 nucléotides (adénine, thymine, guanine, cytosine) déchiffrées à part 80 douteuses. La formule occupe une demi-page de la « *Neue Zürcher Zeitung* » du 20 avril 1977. Pour l'homme, elle exigerait une bibliothèque.

• Page 37,1

Depuis lors, la question n'est plus de savoir s'il y a hérédité psychique, mais de déceler avec précision, en pour-cent, l'importance du facteur génétique dans un test donné. (Plus de 80% pour le quotient d'intelligence.) Nous conseillons ici la lecture de l' « *Inégalité de l'Homme* » de Hans J. Eysenck.

D'autre part, l'éthologie (étude des comportements animaux et humains) confirme brillamment l'importance de l'hérédité. Ouvrage marquant : « *L'Agression* » de Konrad Lorenz.

• Page 41, note 1

À la suite de Rassinier, toute une école d'historiens s'est constituée : les révisionnistes, appellation due au fait qu'ils contrôlent systématiquement les thèses de la propagande alliée.

À souligner : L'école révisionniste comprend aussi des Juifs, tels J.G. Burg, Jean-Gabriel Cohn-Bendit, Noam Chomsky.

Aujourd'hui, plus aucun auteur sérieux ne soutient le chiffre de « six millions ».

• Page 51

Entre-temps, nous avons parfois rencontré le préjugé suivant :

Les racistes veulent tuer les malades incurables, comme les « nazis » l'ont fait avec l'euthanasie.

Il est arrivé parfois que, pour survivre, des naufragés aient mangé de la chair humaine ou même n'aient pas toujours attendu la mort naturelle du compagnon qu'ils allaient dévorer. Ces naufragés étaient catholiques, protestants ou de quelque autre confession. Qui songerait sérieusement à reprocher à ces religions de tels actes de désespoir ? C'est pourtant ce que font nos adversaires.

Vers la fin de la guerre, la situation de l'Allemagne valait bien celle du radeau de la Méduse. Les incurables immobilisaient des médecins et des infirmiers dont manquaient les soldats du front. L'euthanasie, si elle a vraiment eu lieu, n'est pas le fait du racisme, mais d'une guerre totale qui a vu pire (Dresde, Hiroshima...). Ici encore, la révision historique s'impose : Qu'y a-t-il de vrai ?

Bien entendu, le problème de base de l'euthanasie se posera toujours, comme il s'est toujours posé. Le médecin, devant un nouveau-né difforme ou idiot, ou auprès d'un malade perdu se débattant dans d'atroces souffrances, prendra peut-être une décision dont il ne rendra compte qu'à sa conscience. Il portera seul la responsabilité.

Nous autres racistes, nous ne voulons pas tuer les incurables, même s'il s'agit de dégénérés, d'anormaux graves. Comme Jean Rostand, nous respecterons l'anormal s'il est né, mais nous ferons en sorte — et la science le permet — qu'il en naisse toujours moins. Cette charge, de toute façon, pèsera moins à la société que les millions de parasites des actuelles plouto-démocraties. Ceux-ci renvoyés à un travail utile, il sera non seulement permis, mais facile d'être humain.

• Page 56,2

En 1974, l'assemblée du Nouvel Ordre Européen, réunie à Lyon, dénonçait la répression italienne contre l'opposition nationale comme une manœuvre pour détourner l'attention de la faillite du régime. Aussitôt, la presse de la péninsule répliquait en accusant le Nouvel Ordre Européen de tremper dans les nombreux attentats mis à la charge des « fascistes ». Un journaliste, particulièrement inspiré, prétendit même que le NOE disposait, en Norvège, d'un camp d'entraînement pour terroristes, lesquels allaient ensuite poser des bombes en Italie. Les mass média d'Europe entière y firent écho.

Ce délire collectif, orchestré, prouva une fois de plus l'inanité des accusations de terrorisme contre la « droite ».

• Page 92, B

De 1970, date du commentaire, à 1987, date de la présente note, l'invasion de l'Europe (et d'autres territoires peuplés jusqu'ici de Blancs) s'est intensifiée de façon galopante. Les gouvernements se gardent bien de donner des chiffres sur les effectifs de couleur. De prudentes estimations donnent à penser qu'on approche des 20 millions pour l'Europe occidentale.

Les mariages interraciaux se sont multipliés. Une première génération de métis peuple les écoles et entre dans la vie professionnelle. Les modalités de l'invasion ne laissent aucun doute : Le métissage est voulu par les puissants de ce monde, afin de briser l'esprit d'indépendance des peuples européens, bien plus, des peuples blancs dans leur ensemble. Depuis vingt ans et sans désemparer, les média prêchent l'accueil des Noirs et des Mongols. Quiconque proteste se voit traité de raciste, ce qui, dans le jargon du jour, est pire qu'assassin. De nombreux intellectuels juifs appuient l'immigration de couleur. Et par là, ils posent la question juive sous une forme inconnue jusqu'ici. Qui pourra contenir, demain, la race jaune, quand la Chine aura rattrapé son retard technique ? Nulle puissance sauf l'Europe. Et nous disons aux Juifs : « Réfléchissez, vous disparaîtrez en même temps que nous. Votre politique actuelle vous mène au suicide. »

- Page 123

À titre de « point 90 », commentons la déviation divisionniste.

Le divisionnisme domine si bien les organisations politiques et culturelles qu'il devrait être superflu d'en parler.

Son moteur principal, l'ambition personnelle, produit l'essentiel de cet éparpillement si caractéristique des forces nationales d'après guerre. Il faut cependant mentionner une autre cause : les haines personnelles qui, pour être moins visibles, font de terribles ravages.

Un militant, par ailleurs fort valable, nourrira une aversion viscérale pour un autre, tout aussi valable. Et il préférera l'échec à une réussite aux côtés de son adversaire. Cette inimitié proviendra souvent de l'ancien choc de deux ambitions, mais parfois de querelles sans aucune portée de principe, par exemple pour une femme ou, d'une manière mesquine, pour de l'argent.

À terme, ceux qui se montreront capables de sacrifier leurs haines privées parviendront mieux à sortir de l'isolement des organisations débutantes. En attendant, le divisionnisme gâche un temps précieux. Aussi le militant de base a-t-il le devoir de refuser de suivre un chef incapable de surmonter les vieilles rancunes. Il peut et doit accélérer l'inévitable isolement des divisionnistes en les traitant en lépreux. Et il contraindra même, par la grève de l'obéissance, un chef à collaborer avec un ennemi personnel.

- Complément à la conclusion générale

Depuis la parution de ce livre, les problèmes se sont aggravés. Certes, on pouvait le prévoir ; mais l'ampleur surprendra les témoins non avertis.

L'immigration allogène, nous venons de le dire, tourne à l'invasion. Et le phénomène se généralise, il atteint presque tous les peuples blancs. Une étude un peu attentive interdit d'y voir l'effet du hasard. Écrasant, un ensemble d'indices plaide pour un complot organisé par des forces puissantes et visant à métisser le monde aryen.

La dénatalité blanche, ensuite, renforce le processus. Ainsi, pour la France, on prévoit qu'au siècle prochain les effectifs de couleur dépasseront les autochtones. En effet, la loi Veil, autorisant l'assassinat des bébés dans le ventre de leurs mères, touche presque exclusivement la race blanche. Les allogènes conservent leur taux de natalité galopant (plus de cinq enfants par femme).

Qu'il suffise d'énumérer les autres problèmes : destruction de la nature, criminalité, stupéfiants, chômage chronique, abaissement continu du niveau culturel et moral. Presque tous les responsables des États et des Églises trahissent. À tel point qu'aujourd'hui, sur le plan racial, le bloc soviétique — malgré l'oppression totale qui le caractérise — semble moins dangereux. Les régimes communistes renversés, tout redeviendra possible ; mais le métissage organisé par les criminels du monde prétendu « libre » se veut irréversible.

En réalité, il est réversible, quoique difficilement. Au prix d'une biopolitique draconienne dont la première mesure consistera dans l'expulsion des effectifs allogènes et métis.

Mais la renaissance aryenne sera une œuvre de longue durée, de plusieurs générations.

L'aggravation dramatique des problèmes s'explique uniquement par la présence d'un important déchet biologique — les dégénérés de toutes sortes — au sein des populations blanches, surtout à la pointe de la civilisation industrielle. L'élimination du déchet par une sélection positive — notamment par des structures sociales favorisant les éléments sains — exigera plusieurs siècles.

Nous aurons peut-être une longue marche jusqu'à la révolution sociale-raciste aryenne, et certainement ensuite — jusqu'à l'élimination du déchet.

De plus en plus, le salut impose une politique à long terme. Depuis 1951, le Nouvel Ordre Européen s'emploie à la définir. Le présent livre a rendu compte de ses travaux jusqu'en 1967. De cette année à 1985, le livre « *Les peuples blancs survivront-ils?* » complète l'aperçu, et nous engageons les lecteurs à s'y reporter.

Comme on verra, la tâche principale du Nouvel Ordre Européen réside dans l'étude des problèmes de survie et dans l'énoncé des solutions possibles qui — vu l'interdépendance des facteurs — exigent une profonde révolution et non de simples palliatifs.

Les populations commencent à réagir contre l'invasion en provenance du Tiers-Monde et contre la destruction de la nature. Peut-être réagiront-elles bientôt à la criminalité croissante... Pourquoi donc attendent-elles l'imminence des catastrophes? — Parce qu'elles n'aperçoivent pas les problèmes. Les mass-média les leur cachent. Depuis plus de quarante ans, la grande presse, la radio et la télévision construisent pour l'homme de la rue un monde falsifié et sécurisant: La démocratie et les droits de l'homme, de progrès en progrès, conduiront à la paix éternelle et au paradis sur terre. Dès lors, il faut les premières secousses des cataclysmes pour balayer ce carton-pâte optimiste. Et c'est aussi pourquoi, malheureusement, on ne pourra éviter les catastrophes qui, malgré leur violence, sont des amies: Elles ouvriront les yeux des braves gens longtemps abusés.

Bibliographie

Nous ne donnons que le nom pour les auteurs dont l'ensemble de l'œuvre touche en quelque manière aux questions abordées. Souvent, nous indiquons un seul titre, particulièrement important, bien que d'autres soient entrés en ligne de compte : Ils figureront, en général, dans le livre mentionné.

Nous ne nous sommes pas bornés aux seuls ouvrages traitant l'ensemble de notre sujet, mais avons cité des auteurs rencontrés sur un point particulier. Ainsi, le lecteur pourra élargir son champ d'investigation à tous les problèmes connexes.

Social-racisme

Anonymes français, *Propositions d'Uppsala*, 1959.

Binet René, *Théorie du racisme*, Paris 1950 ; *Contribution à une éthique raciste*, 1975 ; *Socialisme national contre marxisme* - Institut Supérieur des sciences Psychosomatiques, Biologiques et Raciales, Lausanne et Montréal.

Clémenti Pierre, *La troisième paix*, édité par l'auteur, *le Courrier du Continent*, case ville 2428, CH 1002 Lausanne, renseignera.

Chamberlain Houston Stuart, *Grundlagen des XIX. Jahrhunderts*.

Darré Walther, œuvres. En français : *La race, nouvelle noblesse du sang et du sol*, Sorlot, Paris 1939.

Evola Julius, Œuvres. en français : *Les hommes au milieu des ruines*, Les Sept Couleurs, Paris 1972 ; *Le fascisme vu de droite*, Totalité, Paris 1981.

Fabre d'Olivet, *Histoire Philosophique de l'Humanité*.

Gobineau (de) Comte, *Essai sur l'inégalité des races humaines*, Pléiade, Paris 1982.

Gollner Heinz, *Was ist biologische weltanschauung ?*, Arndtverlag, D-8011 Vaterstetten.

Gregor A. James, *Saggi sulle teorie etiche e sociali dell'Italia fascista*, Ed. La Legione, via Andrea Verga 5, Milan.

Hauser Otto, *Rasse und Kultur*, G. Westermann, Braunschweig 1924.

Hitler Adolf, *Mien Kampf*, Eher-Verlag, Munich. en français chez Sorlot.

Ketels Robert, *Le culte de la race blanche*, 1935, *Révision des Idées*, 1953, *Le Courrier du Continent*, Lausanne, renseignera.

Lenculus Infamous, *Pour un racisme radieux*, Institut des Hautes Ecoles Communales du Pilon.

Mahieu (de) Jacques, *Précis de biopolitique*, Institut Sup. des Sc., Lausanne et Montréal 1969.

Rauti Pino, articles in *Ordine Nuovo*. Via degli Scipioni 268 A, Rome.

Rieger Jürgen, *Rasse, ein Problem auch für uns*, chez l'auteur. Isfeldstr. 7, D-2 Hambourg.

Ritter Friedrich, *Das offenbarte Leben*, 3 vol., chez l'auteur. Paz del Sancho. Puerta de la Cruz. Tenerife.

Rosenberg Alfred, *Der mythos des 20.*

Jahrhundert. Hoheneichen-Verlag, Münich 1937. En français : *Le mythe du XXe siècle*. Avalon. Paris 1986.

SANDEN Heinrich L., *Was muss geschehen ? Weisse Welt am Wendepunkt*. Druffel-Verlag, D-8131 Leoni.

VACHER de LAPOUGE, *L'aryen, les sélections sociales*.

BIOLOGIE, ANTHROPOLOGIE, ÉCOLOGIE

ARDREY Robert, *Les enfants de Caïn*. Ed. Stock, Paris 1963.

BAKER John R., *Die rassen der menschheit*. Deutsche Verlags-Anstait, Stuttgart 1976.

BAUGÉ-PRÉVOST Jacques, *La politique de l'avenir* ; *Le celtisme, l'éthique biologique de l'homme blanc* ; *Précis de naturothérapie*. Ed. Celtiques, 6655 r. St-Denis. Montréal.

BAUR E., FISCHER E., LENZ F., *Menschliche Ernehre und Rassenhygiene* 1936.

BIASUTTI R., *Razze e popoli della terra*. 1953-57.

BIOT René, *Le corps et l'âme*.

LE BON Gustave, *Lois de révolution des peuples*. Flammarion, Paris 1913 ; Divers titres ont été réédités récemment par les amis de G. LE BON-. 34 rue Gabrielle. 75018 Paris.

BOYD W. C., *Genetics and the races of man*. 1950.

BURT (Sir) Cyril, "The inheritance of mental ability", in *American Psychologist*. Vol. XIII. n° 1. 1958.

CARREL Alexis, *L'homme cet inconnu. Réflexions sur la conduite de la vie*. Plon 1935 et 1950. Paris.

CATTEL et al., "The inheritance of personality" in *American Journal of Human Genetic*, vol. 7, 1955. pp. 122-46.

CAULLERY Maurice, *Biologie des jumeaux*. Presses Universitaires de France. Paris 1945.

CHAUNU Pierre et Suffert Georges, *La peste blanche*. Gallimard, Paris 1976.

CHOISEL Jean, *Le grand virage*, chez l'auteur. F-34 Le Bousquet d'Orb. 1971.

CLAUSS Friedrich, *Rasse und Seele*.

CLEMENT G., *Le droit de l'entant à naître*. Ed. Mariage et Famille, Paris 1935.

LE DANTEC Félix, *Les influences ancestrales*. Flammarion. Paris 1907.

DARLINGTON C. D., *The Facts Of Life*. Londres 1953. En Allemand : *Die Gesetze Des Lebens*. F. A. Brockaus. Wiesbaden.

DARWIN Charles.

DEPRAZ André, *Les nouveaux dinosaures*, chez l'auteur. F-Annecy.

DIVERS, "Resolution in scientific freedom regarding human behaviour and heredity", signée par 50 scientifiques, in *homo*, vol. XXIV, cahier I, Göttingen 1972.

DÜRR Karl, *Die Blutgruppen*, Verlag Wirtschaft und Recht. Berne 1947.

EICKSTEDT E. v., *Rassenkunde und Rassengeschichte der Menschheit*. Stuttgart 1933 ; *Die Forschung am Menschen*. F. Enke, Stuttgart.

EYSENCK Hans J., *L'inégalité de l'homme*. Ed. Copernic, Paris 1977.

FISCHER E., "Anthropologie", in *Kultur der Gegenwart*, 3e partie, 5e section. 1923.

FLAD-SCHNORRENBERG Beatrice, "Die Biologie des Geistes und der Geist der Biologie", in *Scheidewege* 10e année, pp. 361-366.

FURON Raymond, *Manuel de préhistoire générale*.

GALTON Francis, *Hereditary genius*. 1869.

GARRETT H. E.

GATES R. R.

GAYRE OF GAYRE Robert.

GEORGE W. C., Race, *Heredity and Civilization. The Biology of the Race Problem*. 1962.

GESELL A., *The Embryology of Behavior*. Harper & Bros., 1945.

GRAF Jakob, Vererbungslehre, *Rassenkunde und Erbgesundheitsptlege*. Lehmann, München. 1935.

GRANT Madison, *The passing of the great race*. Auf franziisisch : *Le déclin de la grand race*. Payot, Paris. 1926.

GÜNTHER H., *Rassenkunde des deutschen volkes*. 1933.

GUTTENBERG A.-Ch., *La manifestation de l'Occident*. Ed. Florus. 1952.

HAECKEL E., *Generelle Morphologie der Organismen*, 1866. *Unsere Ahnenreihe*, 1908.

HALDANE I.

HANNART E., "Über 27 sippen mit infantiler amaurotischer idiotie", in *Acta Genetica Medica*, vol. 3, 1954, pp. 331-64.

HEBERER G. *Die evolution der organismen*, 1959. *Anthropologie*. Fischer Bücherei KG, Frankfurt am Main. 1959.

HEBERT Jean-Pierre, *Race et intelligence*. Ed. Copernic, Paris 1977.

Hofmeyr I.

Huntington Ellsworth, *Mainspring of Civilization*. John Wiley, New york 1945.

Jensen Arthur Robert, in *Harvard Educational Review* février 1969 : "Dans quelle mesure pouvons-nous améliorer le quotient intellectuel des étudiants et leurs résultats scolaires ?". En outre : *Educational differences*. London, Methuen 1973.

Kallmann Franz J., "The genetic theory of schizophrenia", in *American Journal of Psychiatry*, vol. 103, 1946, pp. 309-22.

Kossina Gustav, *Ursprung und Verbreitung der Germanen in vorund frühgeschichtlicher Zeit*. Kabitzsch, Leipzig 1930.

Kranz H., "Criminality in twins", in *Journal of Medicine Association*, vol. 103, 1934, p. 1080.

Kuttner Robert.

Lahovary N., *Les peuples européens*. Ed. de la Baconnière, Neuchâtel (suisse) 1946.

Landmann Salcia, *Die Juden als Rasse*. Olten et Freiburg i.Br. 1967.

Lange Johannes, "Studies of criminal tendancies in twins", in *Journal of American Medicine Association*, vol. 102, 1934, p. 1098.

Lautie Raymond, *Les grandes pollutions : L'air, l'eau*. Ed. La Vie Claire, Montreuil 1970.

Laville Charles, *L'homme, son origine, ses moyens et ses fins*.

Lorenz Konrad, *Das sogenannte Böse, Die acht Todsünden der Menschheit*. Divers titres traduits en français, dont *L'Agression*.

Lwoff A., *L'ordre biologique*. Laffont. Paris 1970.

Madison Grant, *The Conquest of a Continent*. Noontide Press, Torrance Ca, USA. *Der Untergang der grossen Rasse*. Lehmann, Münich 1925 et autres titres.

Manas John, *The Race Problem*. Truth Seeker, 38, Park Row, New York 8.

Martin R., *Lehrbuch der Anthropologie in systematischer Darstellung*. K. Saller 1957.

Millot Jacques, *Biologie des races humaines*. Armand Colin, 1952.

Montandon Georges, Œuvres, notamment *La race, L'Ethnie française*.

Mosca G., *Die herrschende Klasse*. 1923.

Newmann H. H., *Multiple Human Births*. Doubleday, Doran & Co., 1940.

Osborne R. Travis et al., *Human Variation. The Biopsychology of Age, Race and Sex*. Academic Press, New-York 1978.

Pipon Jean, *Le suicide collectif des paysans*. S.E.I.A.L.A., Nantes 1983.

Pittard E., *Les races et l'histoire*. Bibl. de synthèse hist., Paris 1924.

Rabaud Etienne.

Reche Otto, *Rasse und Heimat der Indogermanen*. Lehmann, Munich 1936.

Reithlinger A., *Le suicide biologique de la France*.

Ribot Th., *L'hérédité psychologique*. Alcan, Paris 1906.

Rosa Daniel, *L'ologénèse*.

Rostand Jean, voir aussi nos notes, *L'homme*. Gallimard ; *Au-delà du surhumain*. Plon ; *Esquisse d'une histoire de la biologie*. Gallimard, et autres œuvres.

Rusch Hans Peter, *Bodenfruchtbarkeit*. Haugh-Verlag, Heidelberg.

Scheidt Walter, *Rassenkunde*. Reclam, Berlin 1930.

Schemann Ludwig, *Die Rasse in den Geisteswissenschaften*. Lehmann, Munich 1938.

Schwab Günther, *Der Tanz mit dem Teufel*. Verl. Bergland-Buch, Salzbourg 1958. en français : *La danse avec le diable*.

Schwidetzki Ilse, *Das Problem des Wilkertodes*. Enke-Verlag, Stuttgart 1954. *Anthropologie-lexikon von A-Z*, Fischer. *Rassengeschichte der Menschheit*. Oldenburg-Verlag, Munich, Vienne 1978-79.

Shockley William, *Heredity, Environment, Race. I. Q.* Phi Delta Kappan. Stanford, USA. 1972.

Spencer H.. *Principles of Biology*.

Stengel Hans, *Grundriss der menschlichen Erblehre*. Wissenschaftl. Verlagsgesellschaft, Stuttgart 1980.

Stockard Charles R., *The Cenelle and Endocrine Basis for Differences in Form of Behaviour*. The Wistar Institute of Anatomy and Biology. Philadelphie 1941.

Stoddard Lothrop, *Racial realifies in Europe. The Rising Aide of Color*. historical Review Press, Brighton 1981. et autres titres.

Swan Donald A., "Genetics and Psychology", in *Genus*, vol. XX. n° 1-4, Rom 1964.

Thums Karl, *Gesundes Erbe — Gesundes Volk*. Österreichische Landsmannschaft, Wien 1968.

Tybak Boris, *Psyche-soma-germen*. Gallimard, Paris 1968.

Unger Eckhard, *Altindogermanisches Kulturgut in Nordmesopotamien*. Harrassowitz, Leipzig 1938.
Vallois Henri-V., *Les races humaines*. Presses Universitaires de France. Paris 1948.
Venzmer Gerhard, *Vererbung*.
Verschuer O. Y., *Genetik des menschen*. 1959.
Watson J. D., en français : *La double hélice*. Laffont, Paris 1968. *Biologie moléculaire du gène*. Ediscience. 1969.
Weinert H., *Ursprung der menschheit*. Stuttgart 1932. en français : *L'homme préhistorique* (préface de Montandon). Payot.
Williams Roger, *Free and unequal*. University of Texas Press, 1953.
Winter Ludwig, *Der begabungsschwund in Europa*. Verlag Hohe Warte, Pähl 1959.
Woldstedt, *Das Eiszeitalter*. 1959.
Woltmann Ludwig, *Die Germanen in Frankreich*. Diederichs, Jena 1907.

Révisionnisme historique

Aitken J., *Épilogue judiciaire de l'affaire Faurisson*. La Vieille Taupe, B.P. 9805. Paris 1983.
Aschenauer R., *Landsberg, ein dokumentarischer Bericht von deutscher Seite*. Stachus-Verlag, Munich 1951 ; *Zur Frage der Revision der Kriegsverbrecherprozesse*. Nuremberg 1949 ; *Um Recht und Wahrheit im Malmedy-Fall*. Nuremberg 1950.
Bardeche Maurice, *Nuremberg, ou la terre promise*. Les Sept Couleurs, Paris 1948, et autres titres.
Brennecke Gerhard, *Die Nürnberger Geschichtsentstellung*.
Burg J. G., *Schuld und Schicksal, Maidanek in alle Ewigkeit* et autres titres. Ederer-Verlag, Munich.
Butz Arthur r., *The hoax of the twentieth century*. Historical Review Press, Brighton 1976. en allemand : *Der Jahrhundert-Betrug*. Une traduction française est prévue.
Chelain André, *Faut-il fusiller Henri Roques?*, Ogmios Diffusion, Paris 1986.
Christophersen Thies, *Die Auschwitz-Lüge*. En français : *Le mensonge d'Auschwitz*. Courrier du Continent, Case Ville 2428, Lausanne.
Le Citoyen, *L'affaire Papie-Barbon et l'arrêt du 26 avril 1983*. La Vieille Taupe, Paris 1983.
Degrelle Léon, *Lettre au Pape à propos d'Auschwitz*. Ed. Europe Réelle, B.P. 754, Bruxelles 1979 ; *Folie de la répression belge*. 1980.
Divers, *Intolérable intolérance*. Ed. de la différence, Paris 1981.
Faurisson Robert, *Mémoire en défense*, 1980 ; *Réponse à Pierre Vidal-Naquet*, 1982. La Vieille Taupe, Paris.
Greil Lothar, *Die Lüge von Marzabotto*. Schild-Verlag, Munich.
Guillaume Pierre, *Droit et histoire*. La Vieille Taupe, Paris 1986.
Härtle H., *Amerikas Krieg gegen Deutschland*. Schütz KG, D4994 Preuss. Oldendorf.
Harwood Richard E., *Six millions de morts le sont-ils réellement?*. Hist. Rev. Press, Brighton.
Hewins Ralph, *Quisling — Verräter oder Patriot?*. Druffel, D-8131 Leoni 1973.
Hoggan David L., *Der Erzwungene Krieg* et autres titres. Grabert-Verlag, Tübingen.
Internes du camp 91, *alliierte kriegsverbrechen*. préface de H.-U. Rudel. Samisdat Publ., 206 Carlton Street, Toronto (Canada).
Mackiewicz Josef, *Katyn, Ungesühntes Verbrechen*. Thomas Verlag, Zurich 1949.
Ponsonby Arthur, *Vorsätzliche Lügen in Kriegszeiten*. Grabertverlag, Tübingen.
Rassinier Paul, *Le mensonge d'Ulysse*. rééd. 1979 La Vieille Taupe ; *Ulysse trahi par les siens*. rééd. 1980 Vieille T. ; *Le drame des juifs européens*. rééd. Vieille T. 1985 ; *Le véritable procès Eichmann*. Les Sept Couleurs, Paris 1962 ; *L'opération Vicaire*. La Table Ronde ; *Les responsables de la seconde guerre mondiale*. Nouvelles Editions Latines, Paris 1967.
Regras João das, *Um novo direito internacional*. Nuremberg, A Nação, Lisbonne 1947.
Ribbentrop Annelies, *Die Kriegsschuld des Widerstandes*. Grabert-Verlag, Tübingen.
Rothe Wolf Dieter, *Endlösung der Judenfrage*. Bierbaum-Verlag, Frankfurt 1974.
Russel Grenfell R. N., *Bedingungsloser Hass?* Ed. Schlichtenmayer, Tübingen 1954.
Sanning Walter N., *Die Auflösung*. Grabert-Verlag, Tübingen 1983.
Scheidl Franz J., *Geschichte der Verfemung Deutschlands — Die Millionenvergasungen*, chez l'auteur. Postfach 61, A-1020 Vienne.
Stäglich Wilhelm, *Der Auschwitz-mythos* et autres titres. En français : *Le mythe d'Auschwitz*.

La Vieille Taupe, Paris 1986.

THION Serge, *Vérité historique ou vérité politique?*. La Vieille Taupe, Paris 1980.

SOCIOLOGIE, HISTOIRE, LITTÉRATURE, PHILOSOPHIE, POLITIQUE

ABETZ Otto, *Das offene Problem*. Greven Verlag, Cologne 1951.

AMIGUET Philippe.

ARNDT (von) H., *Bismarck, Mensch, Staatsmann*. Arndt-Verlag, D-9011 Vaterstetten.

ANONYME, *Untergang des Abendlandes*. NKE, P.O.B. 259, Reykjavik.

BANZERUS Georg, *Deutschland ruft Dich*. chez l'auteur, D-374 Hôxter.

BARDECHE Maurice, *Qu'est-ce que le fascisme?* Les Sept Couleurs, Paris 1961; *Sparte et les Sudistes*. id., 1969, et nombreux autres titres.

BARENYI (von) Olga, *Der Prager Totentanz*. Kismet-Verlag, Munich.

BENOIST-MECHIN, *Histoire de l'armée allemande* et autres titres. Albin Michel, Paris.

BENOIST (de) Alain, *Vu de droite* et autres titres. Ed. Copernic, Paris.

BÖHME Herbert, *Vermächtnis und Auftrag*. Türmer-Verlag. D-8032 Lochham.

BRASILLACH Robert, articles de *Je Suis Partout*. œuvres complètes éditées par le Club de l'Honnête Homme, Paris.

BREKER Arno, *Im Strahlungsfeld der Ereignisse 1925-1965*. Schütz KG, D-4994 Preuss. Oldendorf.

BRÜDERLIN Kurt, *Freiheit ohne Geldherrschaft, Gerechtigkeit ohne Staatswirtschaft*. Chez l'auteur, Rud.-Wackenagelstr. 45, CH-4125 Riehen.

BRÜHLMANN Otto, *Das andere Licht*. Édité par l'auteur, Kreuzlingen (Suisse) 1942; *Vom einen, alleinen Leben*. Id., 1949; Et autres titres.

BUBER Martin.

CARSON Rachel, *Der stumme Frühling*. Verlag Biderstein, München 1962.

CÉLINE Louis-Ferdinand.

CHATEAUBRIANT (de) A., *La gerbe des forces*.

CODREANU Corneliu Z., *La garde de Fer*. Ed. Prométhée, Paris 1938.

COSTANTINI Pierre, *Nietzsche et le Cosmos*. Imbert-Nicolas SA, Niort 1984.

COSTON Henry, *L'Europe des banquiers* et nombreux autres titres. Chez l'auteur. 27, rue de l'Abbé Grégoire, Paris 6ᵉ.

COUSTEAU P. A., *Les lois de l'Hospitalité* et autres titres.

DAMI Aldo, *Dernier des gibelins*. Ed. Connaître, Genève 1960.

DAYE Pierre, *Léon Degrelle et le Rexisme*. Fayard, Paris 1937.

DÉAT Marcel.

DECURTINS Carl, *Kleines Philosophen-Lexikon*. Aehren-Verlag, Affoltern am Albis 1952.

DEGRELLE Léon, *La révolution des âmes*. 1936; *La guerre en prison*. 1941; *Feldpost*. 1943. *La campagne de Russie*. 1949, *La cohue 1940*. 1950; *Les âmes qui brûlent, à la feuille de chêne*. Paris 1964; *Hitler pour 1000 ans*. La Table Ronde, Paris 1969.

DEVI Savitri, *Souvenirs et réflexions d'une aryenne* (quelques exemplaires d'occasion au Courrier du Continent); *Gold im schmelztiegel*. Edizioni di Ar, padoue.

DORIOT Jacques.

DRIEU la ROCHELLE, "Notes pour comprendre le siècle", articles de la *Révolution Nationale* et autres titres.

DRUMONT Edouard.

DUDAN Pierre, *Autodétermination*. 1973; *Antoine et Robert*. 1981; *L'écume des Passions*. 1982. Ed. Antagnes, c.p. 2465. CH-1002 Lausanne.

DUN Robert, *Le message du verseau*, chez l'auteur. B.P. 110. F43003 Le Puy.

ENGDAHL Per, *Aufruhr der Menschen*. Verlag W. Landig, Vienne 1971.

FABRE-LUCE Alfred, *Journal de l'Europe*. Ed. Cheval Ailé. Genève 1947.

FAYE Guillaume, *Contre l'économisme*. Le Labyrinthe, Paris 1983.

FAŸ Bernard, *La franc-maçonnerie*. La Librairie Française, Paris 1961.

FEDER Gottfried.

FORD Henry.

FOUQUÉ Charles, *Défense et illustration de la race blanche*.

FONJALLAZ Arthur, *Un chef, Mussolini*. Ed. La Revue Mondiale, Paris 1933.

FRANZ-WILLING Georg, *Der zweite Weltkrieg*. Druffel, Leoni 1980.

Freda Giorgio, *La Disintegrazione del Sistema*. Ed. di Ar, Padoue 1969.

Fritsch Theodor.

Gadolin (von) Axel, *Von den Tataren zu den Sowjets*. Grabert, Tübingen 1971.

Galera (von) K.S., *Adolf Hitlers Weg zur Macht*. Nationale Verlags-Gesellschaft, Leipzig 1933.

Gautier Philippe, *La Toussaint blanche*. Ed. La Pensée universelle, Paris 1981.

Gentile Giovanni, *Genesi e struttura della società* et autres titres.

Gentizon Paul, *Défense de l'Italie* et autres titres. Le Courrier du Continent, Case Ville 2428. Lausanne, renseignera.

Gœbbels Josef, "reden" in *Das Reich*. 1933-45.

Grimm Hans, *Volk ohne Raum* et autres titres.

Grimm Friedrich, *Mit otfenem Visier*. Druffel, Leoni 1971.

Haiser Franz, *Freimaurer und Gegenmaurer im Ringen um die Weltmacht*. Munich 1924.

Hardy René, *La route des Cygnes*.

Haupt Jean, *Procès de la Démocratie*. Ed. Chiré, F-86190 Vouillé 1977.

Hering-Aribach Alfred, *Atlantis ging unter — Europa du auch ?*. Ramon F. Keller Verlag, Genf, 1973.

Herold-Paquis Jean.

Hess Ilse, *Ein Schicksal in Briefen*. Druffel, D-8131 Leoni, 1971.

Hofstetter Pierre, *Où vont les USA ?*. Ed. Saint-Just, Paris.

Henke Martin, *Verheimlichte Tatsachen*. Angerer, Munich.

Hoseph Roger, *L'Union nationale 1932-1939*. Ed. Bâconnière, Neuchâtel 1975.

Hourdan Bernard, *Confidences de Loups-garous*.

Heller Werner, *Est moins Ouest=Zéro*. Ed. Le Livre Contemporain, Paris.

Hern Erich, en français : *Les cosaques de Hitler*. Collection Action, Paris.

Klagges Dietrich, *An aile Völker der Erde*. Graben, Tübingen.

Kleist Peter, *Auch Du warst dabei*. Vowinckel, Heidelberg 1952.

Kolbenheyer E. G., Œuvres complètes éditées par la Kolbenheyer-Gesellschaft, Nuremberg 1972.

Kosiek R., *Marxismus ? Ein Aberglaube !*, Vowinckel, Neckargemünd.

Krämer Willi, *Vom Stab Hess zu Dr. Gœbbels*. Verlag für Volkstum, Vlotho 1979.

Krebs Pierre, *Das unvergängliche Erbe*. Grabert, Tübingen 1981.

Kubizek August, *Adolf Hitler – Mein Jugendfreund*. Leopold Stocker Verlag, Graz et Stuttgart 1953.

Kusserow Wilhelm, *Vermächtnis*. Ahlbrecht, Göttingen 1972.

Laon (de) Rémy, *Occident, réveille-toi*.

Laroche Fabrice et d'Orcival François, *Le courage est leur patrie*. Collection Action, Paris.

Lawrence David-H., *Le serpent à plumes*. Guilde du Livre, Lausanne 1957.

Lazare Bernard, *L'Antisémitisme, son histoire, ses causes*. Paris 1894.

Lecomte du Noüy, *L'avenir de l'Esprit*.

Leemann A. C., *Die Wiedergeburt des Abendlandes*. Welsermühl, Wels 1958.

Leers (von) Johann, *Deutschland, die geistige Wiedergeburt einer Nation* et autres titres.

Lesdema Ramos Ramiro.

Lindbergh Charles A.

London Jack, *Filles des neiges* ; *La peste écarlate* et autres titres.

Mabire Jean, *Drieu parmi nous*. Ed. Table Ronde, Paris, et autres titres.

Maler Juan, *Die sieben Säulen der Hölle*. Selbstverlag, Belgrano 165, Bariloche (Argentinien), 1974, et autres titres.

Mallebrein Wolfram, *Konstantin Hierl – Schöpfer und Gestaler des RAD*. National-Verlag, D-82 Rosenheim.

Marot Jean, *Face au soleil*. Librairie Française, Paris.

Mathez J.-A., *Le passé, les temps présents et la question juive*, édité par l'auteur. Vevey 1965. **détruit par ordre de justice, cet ouvrage ne se trouve plus qu'en antiquariat.**

Mauger Gilles, *José Antonio, Chef et Martyr*. Nouvelles Editions Latines, Paris 1955.

Maurras Charles.

Meyer Werner, *Der Wiederaufbau Europas* et autres titres.

Moreau Henri, *Votre avenir*, chez l'auteur. Rue H. Maubel 12, Bruxelles 1962.

Mosley (Sir) Oswald, œuvres ; En allemand : *Die europäische Revolution*. Ed. Union, 302, Vauxhall Bridges Road, Londres 1950.

Mota Jorge, *Hacia un socialismo europeo*. Ed. Bau, Barcelone 1974.

Mussolini Benito, œuvres, en français : *Je parle avec Bruno, histoire d'une Année* et autres titres.
Neck Karl, *Deutschland, Tod und Auferstehung*. Turmwart-Verlag, Zurich 1948.
Nietzsche Friedrich.
Oltramare Georges, *Les souvenirs nous vengent* et autres titres.
Ott Konrad, *Leviathan*. Ledermüller, Munich 1974 ; *Terrorist contra Grossmeister*. Tolkstum-Verlag, Vienne-Winterthur 1983.
Oven (von) Wilfred, *Mit Gœbbels bis zum Ende*. Dürer-Verlag, Buenos Aires 1949.
Pareto Vilfredo
Peron Eva, *La raison de ma vie*.
Peron Juan.
Peyrebonne Micheline, Éditoriaux d'*Europe notre patrie*, B.P. 512-02, 75066 Paris cedex 02.
Pimemta Alfredo.
Pini Giorgio, *Mussolini* (en français). Ed. Cappelli, Bologne 1939.
Ploncard d'Assac Jacques, *Doctrines du nationalisme* et autres titres.
Poncins (de) Léon, *La franc-maçonnerie d'après ses documents secrets*. Ed. Beauchesne, Paris 1934. *Espions soviétiques dans le monde*. Nouvelles Editions Latines, Paris 1961.
Port Kurt, *Sexdiktatur*, Port-Verlag, Esslingen 1972.
Poulet R., *Contre la plèbe*. Denoël, Paris 1967.
Pound Ezra, œuvres. En français : *Le travail et l'usure*. L'Âge d'Homme, Lausanne.
Preziosi Giovanni.
Primo de Revera José Antonio, *Obras completas*. Publicaciones Españoles, Madrid 1949.
Raspail Jean, *Le camp des saints*. Laffont, Paris.
Redondo Onesimo.
Reed Douglas, *Der grosse plan der Anonymen*. Thomas-Verlag, Zurich.
Remer Otto Ernst, *20. juli 1944*. Ed. Hans Siep, Hambourg 1951 ; *Verschwörung und Verrat um Hitler*. Schütz-Verlag, Preux. Oldendorf 1982.
Renan Ernest.
Rœder Manfred, *Ein Kampf um's Reich*, chez l'auteur. D-3579 Schwarzenborn/Knüll.
Rougier Louis, *La mystique démocratique*. Flammarion, Paris 1929, et autres titres.
Rüdiger Jutta, *Die Hitlerjugend und ihr Selbstverständnis im Spiegel ihrer Aufgabengebiete*. AskaniaVerl., D-3067 Lindhorst.
Saccucci Sandro, *Rodesia : La verità*. Difesa dell'Occidente, Rome 1979.
Saint-Loup, *Les hérétiques*. Presses de la Cité, Paris 1965 et autres titres.
Salazar Oliveira, *Une révolution dans la paix*, Flammarion, Paris 1937.
Santoro Cesare, *Quatre années d'Allemagne d'Hitler*.
Schrœder (von) Leopold, *Arische Religion*.
Scronn Alexander, *General Psychologus*. Kritik-Verl., D-2341 Mohrkirch.
Senger (von) Alexander, *Mord an Apollo*. Thomas-Verlag, Zurich 1964.
Sima Horia, *Destinée du nationalisme*. P.E.G. 17, rue Las Cases, Paris 7e.
Skorzeni Otto. en français : *Les commandos du Reich*. Collection Action, Paris 1964.
Sluyse Willem, *Die Jünger und die Dimen*. Dürer-Verlag, Buenos Aires 1954.
Sombart Werner. En français : *Le socialisme allemand*.
Sorel Georges.
Soucek Theodor, *Wir rufen europa*. Verlag Welsermühl, Wels 1956.
Stüber Fritz, *Programm Europa*. Arndt-Verlag, Vaterstetten (BRD), 1972.
Sündermann Helmut, *Das Dritte Reich*. Druffel, D-8131 Leoni.
Spannuth Jürgen, *Atlantis*. Grabert-Verlag, Tübingen, 1965.
Vaihinger Hans, *Die philosophie des Als-Ob*.
Varange Ulik (alias F.P. Yockey), *Imperium, der Feind Europas*.
Venatier Hans.
Vollenweider Erwin.
Vollmer, Dieter, *Nordwind*, 1973, *Politisches Lexikon*. Beide Schütz KG, 4994 Preub. Oldendorf.
Wagner Richard.
Wahl Karl, *Patrioten oder Verbrecher*. Orion Heimreiter-Verlag, D-6056 Heusenstamm.
Werner Eric, *Le système de trahison*. L'Âge d'Homme, Lausanne 1986.
Windisch Konrad.
Ziegler H.-S., *Adolf Hitler aus dem Erleben Dargestellt*. Schütz KG, D-4994 Preub. Oldendorf, 1965.

Périodiques

Acção. Ap. 253, 2700 Amadora, Portugal.
Alarm. Ballaerstr. 80, B-2018 Anvers.
Die Bauerschaft. Kritik-Verlag, D-2341 Mohrkirch.
Der Bismarck-Deutsche. Joh.-Haag-Str. 19, D-8950 Kaufbeuren.
Bulletin Celinien. B.P. 70, B-1000 Bruxelles 22.
Cedade. Ap. corr. 14207, E-08080 Barcelone.
Courrier du Continent. case ville 2428, CH-1002 Lausanne.
Denk mit! Elsa-Brändström-Str. 1, D-85 Nuremberg.
Deutsche, Wochen-Zeitung. Brüchenstr. 1, D-8200 Rosenheim.
Devenir européen. Yves Jeanne, 1 rue du Rhône, F-44 Nantes.
Eidgenoss. Postfach, CH-8401 Winterthur.
Euro-Forum. P.B. 35, B-9300 Aalst.
Europae. Ap. corr. 14207, E-08080 Barcelone.
Europe notre Patrie. B.P. 512-02, F-75066 Paris cedex 02.
Forces Nouvelles. Bd E. Bockstael 104, B-1020 Bruxelles.
Halt. Prinz-Eugen-Str. 74/2, A-1040 Vienne.
Heliodromos. Via Carli 5, I-95123 Catania.
HNG-Nachrichten. Postfach 510372, D-3000 Hanovre 51.
Huttenbriefe. Postfach 189, D-8954 Biessenhofen.
Ideogramma. Casella Postale 58, I-43100 Parma.
Instauration. Box 76, Cape Canaveral, Fl. 32920, USA.
Kommentare. Würfelgasse 6/8, A-1150 Vienne.
League of St George. 54 Hindes Road, Harrow, Middl., G.-B
Lectures Françaises. D.P.F., Chiré-en-Montreuil, F-86190 Vouillé.
Libération Nationale. B.P. 88, F-69132 Ecully.
Liberty Bell. P.O.B. 21, Reedy, WV 25270, USA.
The Mankind Quaterly. 1 Darnaway Dtr. Edinburgh 3, G.-B.
Militant. B.P. 154, F-75010 Paris
Minute. 49 av. Marceau, F-75016 Paris.
Mut. Postfach 1, D-2811 Asendorf.
NAAWP News. Box 10625, New Orleans, La. 70181, USA.
National Action. Box 4161, Londres WCLN 3XX, G.-B.
National Hebdo. 8 r. Bernouilli. F-75008 Paris.
Neue anthropologie. Postfach 550470, D-2000 Hambourg.
Notre europe. B.P. 76, F-75462 Paris cedex 10.
Nouvelle école. 13 rue Charles-Lecocq, F-75737 Paris cedex 15.
Nouvelle Voix. 25, rue de la Fidélité, F-68200 Mulhouse.
Orion. Ed. Barbarossa. C.P. 42, 1-12037 Saluzzo.
Le Pamphlet. C.P. 4047, CH1002 Lausanne.
Le Partisan Européen. B.P. 41, F-34502 Beziers.
Le Pays Réel. B.P. 370, CH-Petit-Lancy.
Persévérance. Box 125, Merredin, WA 6415, Australie.
Peuple et Patrie. C.P. 95, CH-1213 Petit-Lancy 2.
Présent. 5 rue d'Amboise, F-75002 Paris.
Rivarol. 9 passage des Marais, F-75010.
Europäische Freiheitsbewegung. Manfred Rœder, D-3579 schwarzenborn/Knüll.
Samisdat. 206 carlton street. Toronto Ont. M5A 2L1. Canada.
Sentinella d'Italia. Via Buonarroti 4, I-Monfalcone.
Serviam. C.P. 294, Montréal-nord. Qué. H I H 5l4, Canada.
South African Observer. P.O.B. 2401, Pretoria. RSA.
Spearhead. P.O.B. 446. Londres SE23 215, G.-B.
The Thunderbolt. P.O.B. 1211. Marietta. Ga. 30061, USA.
Totalité. B.P. 47, F-45390 Puiseaux.
Tribune Nationaliste. 16 av. Auguste-Laurent, F-77500 Chelles.
Unabhängige Nachrichten. Postfach 400215, D-4630 Bochum.
Le Vigilant. 7 pl. Longemalle, CH-1204 Genève.
Volk und Heimat. Postfach 59, CH-8956 Killwangen.
Voorpost. Postbus 45, B-2100 Deune 1.
Western Destiny. P.O.B. 76062, Los Angeles, Cal. 90005, USA.

Table des matières

Défense de la race 7
   Avertissement 9
   Avant-propos 11
   Introduction 13

Première Partie
Comment se pose le problème 14
   Critique de la connaissance 17
   L'hérédité 19
   L'évolution 24
   Objections 25

Deuxième Partie
Le manifeste social-raciste 31
   Le Nouvel Ordre Européen 33
   Préface 35
   Race et ethnie 36
   Raison d'être du racisme 37
   Grand-race, race-type et communauté raciale 40
   Justice sociale 42
   Révolution européenne 44
   Unité européenne et politique biologique 45
   Les déviations classiques 47

Troisième Partie
Commentaires du manifeste social-raciste 49
   La préface 51
   Le Manifeste proprement dit 53
      Point 1 (*Le concept « race »*) 53
      Points 2 à 4 (*De l'ethnie*) 54
      Point 5 (*Rôle biologique de la nation*) 54
      Point 6 (*Le concept « peuple »*) 55
      Point 7 (*Antisélection et métissage*) 55
      Points 8 et 9 (*Le chaos racial*) 56
      Point 10 (*Contre l'Européen standard*) 57

Point 12 (*Pour le racisme*) 57
Point 18 (*Religion et racisme*) 57
Point 22 (*De la communauté raciale*) 58
Point 23 (*Les grand-races*) 59
Points 27 à 29 (*Races-types et groupes sanguins*) 59
Point 30 (*Dimension de la communauté raciale*) 61
Point 31 (*Sens de l'inégalité*) 62
Point 32 (« *L'écume* » *et la* « *lie* ») 62
Point 33 (*Renouvellement des élites*) 63
Points 34 et 35 (*Les Blancs non aryens*) 64
Points 36 à 41 (*De la question juive*) 64
Point 42 (*De la justice sociale*) 65
Points 46 et 47 (*Du communisme*) 66
Points 55 et 56 (*De la ploutocratie*) 66
Point 58 (*Du parlementarisme*) 67
Point 59 (*De la démocratie*) 67
Point 65 (*Les Aryens d'outre-mer*) 68
Point 71 (*Les non-Aryens d'Europe*) 68
Point 74 (*De la biopolitique en général*) 68
Point 76 (*Mariages mixtes existants*) 69
Point 77 (*Sélection directe*) 69
Point 79 (*Sélection indirecte*) 69
Point 83 (*La déviation réactionnaire*) 70
Point 88 (*La déviation typiste*) 70
Point 91 (*La déviation ethniste*) 71
Point 92 (*La déviation nationalitariste*) 71

Conclusion générale 73

Épilogue.. 79

Appendice 81

Bibliographie 85
  Social-racisme 85
  Biologie, anthropologie, écologie.. 86
  Révisionnisme historique 88
  Sociologie, histoire, littérature, philosophie, politique 89
  Périodiques.. 92

Retrouvez toutes nos publications
sur les sites :

vivaeuropa.info

the-savoisien.com

pdfarchive.info

freepdf.info

aryanalibris.com

aldebaranvideo.tv

histoireebook.com

balderexlibris.com